U0518282

丛书编委会

总　策　划：来新国　王文成

编委会主任：郭齐勇　周晓亮

编　　　委：来新国　陈知涯　张　彧　尹格韬　沈　众

　　　　　　　王文成　孟淑贤　周长志　罗养毅　秦　丹

　　　　　　　乌　琛

大家精要
典藏版丛书

简读

吕坤

柳向忠 著

陕西师范大学出版总社　西安

图书代号　SK24N1880

图书在版编目(CIP)数据

简读吕坤 / 柳向忠著 . — 西安：陕西师范大学
出版总社有限公司，2025.1
　（大家精要：典藏版 / 郭齐勇，周晓亮主编）
　ISBN 978-7-5695-4259-2

　　Ⅰ . ①简… 　Ⅱ . ①柳… 　Ⅲ . ①吕坤（1536-1618）—
人物研究 　Ⅳ . ① B248.925

中国国家版本馆 CIP 数据核字（2024）第 028278 号

简读吕坤
JIAN DU LÜ KUN

柳向忠　著

出 版 人	刘东风	
策划编辑	刘　定　陈柳冬雪	
责任编辑	陈柳冬雪　邢美芳	
责任校对	彭　燕	
封面设计	龚心宇　张潇伊	
出版发行	陕西师范大学出版总社	
	（西安市长安南路 199 号　邮编 710062）	
网　　址	http://www.snupg.com	
印　　刷	深圳市福圣印刷有限公司	
开　　本	889 mm×1194 mm　1/32	
印　　张	6.25	
插　　页	4	
字　　数	113 千	
版　　次	2025 年 1 月第 1 版	
印　　次	2025 年 1 月第 1 次印刷	
书　　号	ISBN 978-7-5695-4259-2	
定　　价	49.00 元	

读者购书、书店添货或发现印装质量问题，请与本公司营销部联系、调换。
电话：（029）85307864　85303629　　传真：（029）85303879

目录

引　言

　　吕坤，先取字顺叔，后改字叔简；别号新吾、心吾，晚号抱独居士。他生于明嘉靖十五年十月初十（1536 年 10 月 24 日），河南宁陵县人。

　　宁陵县地处豫东平原，黄河古堤横穿县境东北，那里地势平坦，气候温和，土地肥沃，生产兴旺，生活比较富裕。据史载，宁陵有"张弓酒"源于商初，兴于两汉，东汉光武帝敕封为"皇封"御酒；"金顶谢花酥梨"在明弘治年间（1488—1505）被封为贡品；"宁陵杠子馍"也是曾为明清帝王、世族所享用的"御膳"。古老的宁陵还是一个人文荟萃、人才辈出之地，战国时期四君子之一的信陵君就分封于此。

万历二年（1574）春，吕坤入京参加殿试，以三甲第五十名赐"同进士出身"。明清科举制以一甲三人为状元、榜眼、探花，二甲赐"进士出身"若干名，三甲赐"同进士出身"若干名。这一年吕坤三十九岁，自此开始了在地方和京城二十余年的政治生涯。万历二十五年（1597）四月，六十二岁的吕坤称病辞官回乡，卒于万历四十六年六月初八（1618年7月24日），享年八十三岁，葬于宁陵县西北距县城十二里的鞋城村，即现在的阳驿乡吕坟村。该村后因吕坤坟得名，其村家家户户都姓吕，相传都是当年守墓人的后代。尽管墓地周遭牌坊、石器在"文化大革命"中遭到很大程度的破坏，但坟墓犹在且从未遭到人为的盗掘，大概是因为妇孺皆知吕坤一生清正廉洁，况且吕坤生前在《自纂墓志铭》中就立下遗嘱："衣衾仅周身，不重袭，枕附以经史，不敛含；一毫金珠不以入棺，一寸缣帛不以入葬。明器如生，丧具以纸。"实在是无可盗之物。

第1章

生于普通家庭　早年乡居求学

万历二年（1574）秋季的某一天，时年三十九岁的吕坤告别家乡宁陵，踏上了他心仪已久的"以伊尹之所志为己任，以社稷苍生为己责"的人生旅途。让我们也循着历史的痕迹，从黄河古堤畔的那个小县城开始，去追述这位主人公在一个正经历着风云莫测、盛衰转变的庞大帝国之中所思、所行的人生历程。

家世与家庭

翻阅明嘉靖年间编修的《宁陵县志》及《万历甲戌进士题名碑录》，其中的记录都将吕坤写作"李坤"，这是一段颇为诙谐的家世因缘造成的。据吕坤所撰写的《自纂墓志铭》与《吕李姓原碑》中记述，他的先祖在宋元之前是洛阳的主户。元末，其家族中有名黑厮者，是洛阳西部新安县水南寨的菜农。明太祖洪武二年（1369），因为军功被授予指挥官，但黑厮不愿为官而没有接受。太祖朱元璋很是赞赏，赐给他花银（成色较纯的银子）一斤，当面写下圣旨免除其赋税徭役，使其终身不纳税和服劳役，在圣旨的末尾写上了"敕水南寨种菜老李。钦此"字样。黑厮辩驳错写了姓氏，太祖朱元璋拿起笔想要更改，但笔端的墨汁落在了"李"字上，使字无法再改，索性扔下笔说："就姓'李'也没什么妨碍。"黑厮无奈叩头起，遂以"李"为姓，二百年间不曾更改过，直至万历六年（1578）吕坤在吏部任职时才上奏恢复了吕姓。

洪武三年（1370），吕坤的六世祖为了躲避兵乱，举家迁到了河南的宁陵县，自此世居宁陵。吕坤为迁宁陵以来吕氏家族的第六世孙。虽祖上为菜农，后改属"匠籍"，大体上都属于普通劳动者，但吕家在当时乡里算是一个颇为富有的家族。吕坤父亲曾自述其家有田地两千亩，年收入可达五百石（若按明代万历年间的一石约为94.4千克算，相当于现在的4.72万千克），就亩产而言算是广种薄收了，但相对于吕坤父亲所说的"吾当古八口之家者二"来说，这已经能使妻子儿女们衣食无忧，家仆也没有受冻挨饿的了。即便有客人来，吕家也有能力提供相当好的饮食宴乐；对于往来受冻受饿而乞助于门前的人，也能出自怜悯和体恤之心而给予一定的施舍和帮助。嘉靖十九年（1540），吕坤五岁时，宁陵遭逢大饥荒。吕坤父亲后来的回忆中再现了这一灾荒惨象：灾民们除粪和土不能吃外，已经遍吃草木，使"草无遗叶，木无完肤"，甚至有父子、夫妻相吃的"食人"惨象！以至于那些数不胜数因饥饿奔走四方、呼号求食的人都已面无人色，后来更无体力再行走，无声气再呼唤，唯有僵卧在荒野里任风吹日晒，坐以待毙。吕坤曾遵照父命写《知足说自警》记录下了这段往事以自我警示：并不是什么上天厚此薄彼而使吕家免于这样的灾难，而是要力行克勤克俭，厌弃奢华靡费，因为"天下之财自有定数，我不富则人不贫"，只求"吾有可以饱，可以暖者足矣"。由此可见，生活在农村的吕坤，既能体恤人民生活的艰难，也秉承了父亲教诲，不炫目于富贵、奢华。尽管当时有富贵、贫贱之别并且被视之为不可更改的"天理"，但倡导、追求过一种简朴的、知足的、常乐的平常生活是人的德性的主动选择。

吕坤的父亲名得胜，字寿官，别号近溪，又号渔隐闲翁。《易·蒙》说："蒙以养正，圣功也。"吕坤的父亲对儿童教育及如何对其实施正确的教育方式都很重视，为此写有《小儿语》一书。他通过民间乐闻易懂的口语形式，使孩童们在欢呼嬉笑之间学习和体会一些有利于身心成长的道理，也使孩童时期在知识学习和德性养成的同时习得推己及人之道，这值得终身体认和受用。吕坤秉承父教，也很重视儿童教育，并接受父亲的建议作了进一步完善，写成《续小儿语》。吕坤的父亲生性平直、恬淡，崇尚东晋陶渊明"采菊东篱下，悠然见南山"和北宋林逋"吾志之所适，非室家也，非功名富贵也，只觉青山绿水与我情相宜"的田园生活。吕父晚年简居茅舍，生活恬静自然，喜好吟作南北词曲，或携酒骑驴访友，每到酒酣时便敲打酒器而歌，"浩浩兮两间，人生斯世兮谁百年？富贵兮耽尤，贫贱兮奔走于山之北海之南。幸余居富贵贫贱之间兮乐盘桓"。吕坤的伯父吕官，是嘉靖十九年的贡生，曾任河北省武邑县主簿，主管一县的粮税和户籍，但上任三天就隐退回乡。父辈这种不为功名、财利所累的品行和情操对吕坤从政生涯和生活志趣影响很深。

吕坤的母亲李氏喜好奇闻逸事，又深明大义，吕坤也以至孝相随，出门在外归来时，都将所闻所见的稀罕事、异样物告诉母亲，让她开心。嘉靖二十六年（1547），吕坤十二岁时，母亲李氏患眼疾失明，变得心急气躁、情绪不稳，为了安抚母亲，他遍寻会音乐的盲妇弹奏琴瑟、唱咏诗歌以慰抚母亲的心情，唱歌者无词可唱就再更换他人；或者找人来说书，尤其喜欢听战国七雄、前汉、三国、前后齐、残唐、北宋之类的故事，只要是知名的说书人，无论远近必去请来。此后，吕坤每见到乞食的盲人，便念想到母亲失明之苦，倍生恻隐怜悯之心，所施与的也多于给其他乞食的人的。值得称道的是，吕坤在万历十五年（1587）分管山东济南事务时，四处收养流亡的盲童，男的教会他们说书、卜卦，女的配置乐器，教她们弹琴唱歌，使他们都能自食其力，不至于沿途乞食；待到他们成年后，凡是有合适的，官府出资资助他们结为夫妇。吕坤从政所到之处，这一措施翕然成风，其他一些州县受此影响也多有推行。《孟子》中说"老吾老以及人之老，幼吾幼以及人之幼"，吕坤推己及人，体恤民情，使鳏寡孤独废疾的人都能得到全面的济养，可见他将至孝之心推及爱民之政。吕坤在嘉靖四十一年（1562）参加中央礼部主持的三年一次的会试未中而归。隆庆二年（1568）因为父亲病逝也没有参加该年的考试。隆庆五年，吕坤三十六岁，又到了会试时期，而此时母亲李氏已重病卧床。吕坤日夜勤侍在侧，衣不解带，亲尝汤药。李氏自言虽病但无事，催促吕坤速去京城参加会试。吕坤表面上答应了，但却躲在别处继续为母亲料理汤药。有一天，母亲忽然听见了吕坤的声音，大怒不食，责备吕坤欺蒙她。吕坤跪地哭泣说:"功名事小,母亲病没有痊愈,我不忍离去。"李氏抚着吕坤的背安慰说:"我只有见你成了进士,死才能瞑目。速去,不要辜负了我的想望。"李氏更以隔天才吃饭来逼催他,吕坤不得已辞别母亲赴京赶考。两地之间往还仅三十天,吕坤返回时李氏已经先期病故。吕坤抚棺长哭:"进士何物也,以唾手得,而我以母死换乎!"号泣而绝粒者七昼夜,居丧骨立。在祭母文中,吕坤悲痛说及梦中听见的已不是母亲的真语,纸上见到的不是母亲的真容,近来很多的奇闻逸事也无处诉说了。可见吕坤是一个多么至孝至情的人。

吕坤兄长东园和三弟见朴在家经理家务。二人在世均六十余岁,都早于吕坤去世。晚年吕坤常感叹兄嫂勤于家务,使自己衣食无忧而静心于求学,而他在外为官多年却与兄弟等交流、沟通很少;待到辞官回乡闲居之时,兄弟却相继离他而去,感念兄弟手足情谊之时常常唏嘘不已。

吕坤大概是在嘉靖三十年(1551)十六岁时娶本县于氏为妻,有三女两子。长子知畏,是公家提供膳食的一等生员,即"廪膳生员"。二子知思,曾任光禄寺署丞,即掌管朝廷祭享、筵席及宫中膳馐机构的下属官员。长女中仪。次女正仪。三女取名"两",生于万历元年(1573)。第二年,吕坤入京参加殿试,将孩子带到了京城,考中进士后不久出任山西襄垣县令,把小女"两"也带到了襄垣县。两

岁左右的女儿渐渐熟悉了襄垣，以为这里就是家。万历四年
（1576），吕坤调任山西大同县，又带小女儿到了那里。小
女儿灵秀聪慧，四岁就有成人的见识，当吕坤忙完公务归
来时她常欢喜绕膝，问寒问暖；吕坤也因远离家乡至边塞为
官，身边少亲人而更加怜爱小女。吕坤俸禄微薄，不能更好
地照应小女，给她的饮食也常和大人一样。小女性情安静怕
惊吓，后来受惊得疳病夭折，就葬在了边塞之地。小女临死
之际，多次喊着要回家去，也就是她所熟悉的襄垣。带女儿
来到这千里之外的边塞之地，但却不能带她回到真正的家乡
宁陵，为此吕坤痛心不已。

聪颖勤苦　有志于学

自吕坤六世祖迁宁陵，二百年来吕氏家族在宁陵逐渐
繁衍发展了起来。吕坤也曾指出："传家两字，曰'读'与
'耕'。兴家两字，曰'俭'与'勤'。安家两字，曰'让'
与'忍'。防家两字，曰'盗'与'奸'。亡家两字，曰
'淫'与'暴'。"这无疑也是吕氏家族传家兴族的真实写
照。教育极为重要，吕坤后来也告诫后辈不可"眼底无几句
诗书，胸中无一段道理，神昏如醉，体懒如瘫，意纵如狂，
行卑如丐，败祖宗成业，辱父母家声"。父严母慈，使吕坤

自幼就接受过良好的家庭教育，对他一生的为人、为学、从政都有深远的影响。

嘉靖二十年（1541），吕坤六岁时入乡里的私塾就读，他聪颖超群，好学善问，读《论语·学而》篇，问六"信"字同异，即"与朋友交而不信；敬事而信，节用而爱人；谨而信，泛爱众；与朋友交，言而有信；主忠信，无友不如己者；有子曰信近于义，言可复也"。他自幼不仅如此颖异，还有着非凡的理解力。入佛寺有人索对联说"泥土地"，吕坤应声对答"铁金刚"。十二岁时曾参加过县里的考试，县令怀疑他的文章不是自己写的，又以"放告"（旧时官府每月定期坐衙受理案件）为题考核他，吕坤破题说"君子欲无讼，故先听讼焉"，县令听后很是惊叹于他的才气。朱熹曾说："圣人不以听讼为难，而以使民无讼为贵。"又说："听讼者，治其末塞其流也；正其本清其源，则无讼矣。"人之所以有争讼对簿公堂，必然有其缘由。吕坤年少之时就能有这种从实际"听讼"的治末塞流中以明其所由，并能于其本而正之，于其源而清之，从而实现"无讼"，足以看出他能学贵自得，也可看出他直承孔子所言的"听讼，吾犹人也。必也使无讼乎"的正统实学。这一方面在吕坤从政后能明察秋毫，据理据实而不为权势所动的实际政治活动中都有切实的体现。

吕坤自述年少时的读书经过："质困钝，读两叶书，旦夜不成诵，看书亦不甚解。博涉坊刻训诂家言，益乱，益不解。乃一切弃置之，默坐澄心，体认经旨，不了悟不休。久之，我入于书。又久之，书归于我。过目即得，一得久不忘，非诵读之力也。"此即孟子所谓"反身而诚，乐莫大焉"。吕坤少时读书经历了诵读、训诂不得要领的痛苦，转而强调要反躬明心，务求大意，不必寻章摘句而泥执于训诂家的解说。十五岁时，他读史书及宋明时期性理学方面的书籍，服膺于诸儒学大师，常有新的收获，但也苦于心性易乱而放失难求，遂作《招良心诗》以自励，正如孟子所谓"学问之道无他，求其放心而已矣"。其诗的大意就是要收其放失之心（良心）而存之，存之久则心与理一，也就是所谓的"诚"，这也正是为人之道。年少时期的吕坤颇有才气，难免恃才气盛，后来他自己也说二十五六岁时心躁气浮，言行举止不庄重、不敦厚，这激励他早年在从学期间严于、苦于"治心"。吕坤晚年追忆说："少时治心甚苦，每与为仇，不少放过，而心亦与我为仇，不肯归伏。"嘉靖四十五年（1566），吕坤三十一岁，开始著述《省心纪》，即每日反躬自省并将过错、差失记录下来以检讨自我，这也是他在早年从学期间苦于"治心"，修养身心的思想结晶。该书从写作至撰成付梓前后有近二十年之久。

吕坤为学勤苦专一，也博览泛观。少年时涉猎很广，对音韵学、医学都深有研究，晚年有音韵学专著《交泰韵》、医学专著《疹科》刊行。他熟读、深谙《大般若经》《金刚经》《维摩诘经》《楞伽经》《圆觉经》《楞严经》禅家六籍，但并不为这些佛学宗旨所涂染；读稗官野史，则认为道家神仙长生不老、瑶台琼池、青鸟紫鸾都是荒诞不经之说，背离了人伦人情的天性而置骨肉亲情于不顾。吕坤自始有着鲜明的学术兴趣和治学宗旨，非道学、仙学、禅学者，虽不拘一格，但视万物一体，专一以"仁"为价值取向的核心。这和他的至孝重情、刚介峭直的品性，以及不蹈空虚谈、务实重行是相贯通的。

吕坤三十一岁时还参与撰修《宁陵县志》，主张秉笔直书，以事实为依据，参考古今闻见，将褒贬公之于人；同时强调虚实、美恶不强作修饰，否则就成了伪史、不信之史，既不能用来验证也无法传布开来。他早年就很重视世风教化，自称读史书见有厚德高行的人士，心里就很羡慕，闲时就汇集成册为《厚德传》来敦化时风世俗。听闻本县人殷西池为他的乳母养老送终，每年以祭祀先人的礼仪拜祭；其妻张氏的父母年老贫苦，无所依托，殷西池便迎来养老而没有丝毫厌烦；张氏父先去世，殷西池嘱托他的儿子要如侍奉自己的母亲一样来侍奉张母，去世后还将张氏夫妻二人合葬。

吕坤称颂殷西池有唐代杜黄裳之报其怨婿韦执宜、韩昌黎之报其乳母李正真的"仁义"风范，并记录下来以示赞扬。万历元年（1573），吕坤三十八岁时写成《四礼翼》一书。之所以称之为"翼"，意在于"豫四礼之先而继于四礼之后者也"，也就是要使冠、昏、丧、祭四礼贯通终身而受用。鉴于六经微言奥义不容易理解，四书又为日常必须诵读之本，吕坤在该书中就以民间日用常行、浅近鄙俗、家喻户晓的语言、事例、实例，将童蒙成人之教、婚丧嫁娶之礼、事生送死之仪、和亲睦族之化条分缕析，使之浅显易懂，更容易为人们所接受，从而也达到了使幼有所学、老有所安，立教以终身的目的。这也正是"四礼"之所以为人道之始终的主旨，也是他早年在家乡关注世俗风化教育的思想呈现。为了有效地和亲睦族、移风易俗、改良风气，后来吕坤在京城吏部任职时，用自己的俸禄和朝廷的赏赐在家乡买了五百亩良田，仿照宋范仲淹创置"义田"济养族人而建"孝睦田"，用来祭祀祖先，抚恤族人，尤其是为贫困者婚丧、衣食、求学等提供资助。

吕坤早年从学期间也多与志同道合者相往来，互相砥砺。嘉靖四十年（1561），时年二十六岁的吕坤在省城参加乡试期间与永城胡格诚、中牟张孟男相知相交。胡格诚，号锦屏，慷慨刚直，豪爽洒脱，不落俗套而有豪雄气概，隆庆二年（1568）中进士，为官正直，不靡费民财，不屈势损害民利，有"强项令"之称。万历七年（1579），吕坤在吏部任铨曹郎，主管官员的选拔事项。胡格诚当时是候补官员，在京听候委任。某日胡格诚去吕坤私宅拜访故友，门卫直接让他进去了。他手持履历状长跪自报名帖。吕坤很是诧异地问："兄奈何作此态？"胡格诚大笑而起说："外吏见铨曹自有故事，十年暌隔，吾试汝有世味否？乃犹然识故人，不俗，不俗！"二人虽然都在官场，但并无志得意骄、弥缝涂抹的习气。他们促膝谈事，畅快淋漓，融洽如昨日。张孟男，号震峰，为人正直，性情自然，朴实无华，为官勤于政事，执法公正，不趋炎附势。当时的内阁大学士（相当于宰相）兼吏部尚书高拱是张孟男的亲姑丈，权势显赫，但张孟男从不攀附，每次相遇，只谈公务，不诉说个人境况。高拱误认为他傲慢无礼，心中非常不满。连续几年，张孟男都没有升迁。后来高拱被参罢官，遣回家乡，平日趋炎附势的人都避而不见，深恐受到牵连，独有张孟男不计利害，亲到高府帮忙整理行装，并在郊外设宴为他饯行。高拱为他的高洁人格深受感动，执手称谢，自叹不如。吕坤与张孟男相交相知四十余年，曾经讨论为官的根本，张孟男说："本分之内毫无欠缺，本分之外毫无沾染。"张孟男反对蹈空虚谈时事，提倡不仅坚持做好更要落到实处，吕坤引为名言而自始至终视他为同道中人。马文炜，号定宇，志洁清廉，刚正不阿，不畏权势，勤政爱民，是嘉靖四十一年（1562）的进士。当年吕坤也参加会试，但没有考中，其间与马文炜相识，"一见语即合"。后来吕坤再次参加会试中榜，因母亲李氏病逝在家守孝。第二年马文炜出任湖北德安府，之后二人竟没再相见过。每谈及此，吕坤言语中深为感慨。

变革的时代：出仕

吕坤生活于16世纪中晚期至17世纪初期，即明代中后期，经历了嘉靖、隆庆、万历三朝。这是明代历史由盛而衰，走向极度腐败的颓变时期，尽管有中兴的闪光但颓势已经难以挽回。明代社会经济的发展状况在各个方面都超越了前代，尤其是16、17世纪，明朝在农业、手工业，特别是商品货币经济方面都是当时世界上发达的国家之一。但有明一代，在社会政治生活方面却是封建专制极端强化的时期。高度发达的商品货币经济，在极端专制主义统治之下，滋生的只能是极度的腐败，也必将导致各种社会矛盾急剧恶化而一发不可收拾。

吕坤早年生活处于嘉靖后期和隆庆年间，正是这一转折时期的幕布逐渐拉开的时期。明中期以来，宦官专政，贪污受贿，巧取豪夺，朝政混乱，皇帝、王公、勋戚、宦官，以及一般官僚、地主、豪绅兼并土地的情况超过了以前任何时代，农民流离失所，反抗斗争也此起彼伏。嘉靖初期进行了一些适当的政治改革，打击了宦官的势力，但随之而来的"内阁始专"引发了一系列朋党纷争，兼之嘉靖皇帝本人嗜好神仙老道之术，醉心于斋醮、祥瑞等无聊之事，竟然二十多年不上朝，仅靠"票拟"（内阁签注意见）和"朱批"（皇帝红色批示）来维系与政府官员之间的联系，更是极少与官员接触。自嘉靖初因"大礼仪"之争（前正德武宗无子，死后便由堂弟即嘉靖世宗即位。嘉靖想要尊去世生父兴献王为帝，首辅杨廷和等众认为有违礼仪而反对）开始，朝廷内政朋党之争延续不断，张璁逢迎嘉靖心意，使首辅杨廷和罢官，而后张璁接任首辅，接着夏言、严嵩、徐阶等人出任首辅也都是通过互相倾轧排挤，采用各种权术打击竞争对手获得的。嘉靖帝忙于专心追求他的长生不老之术，淡漠于国事，善于揣测皇帝心思并以诌媚取信于嘉靖帝的严嵩，在朝专权十多年。他树立朋党、排除异己，使自己的子孙、姻亲、朋党个个授官予爵。吏治愈加腐败，官僚也愈加贪污成风，严嵩就是突出代表，他在北京、南京、扬州广置良田美宅，他的原籍袁州一府四县的田地十分之七都被严家侵占。如此腐败的帝国政治，导致的结果就是国库入不敷出，财政极其困难，进而将各种名目的赋税加派在本已贫困的农民身上。于是民不聊生，起义不断发生。

嘉靖三十二年（1553），十八岁的吕坤目睹了发生在他家乡豫东平原上的一次农民起义："师尚诏初起襄城（**今河南柘城县境内**）时，家中显然屯聚者曾有百人乎？一出归德（**今河南商丘市**），便有三千人，离鹿邑、柘城，则有万余人矣。至（鄢陵）韭菜园等处，则三万人矣。半月之间，声势如此！"他在四十八年之后追忆此事时，仍然心有余悸。明中期的这次起义，是河南柘城县人师尚诏约里人王帮用等聚饥民三百多人揭竿，提出"不杀人，不抢劫""放粮赈灾，救济穷人"，深受百姓拥护。府、州、县官吏惊恐万状，河南、山东、南直隶（**相当于今江苏、安徽、上海地区**）为之震动，后来因实力悬殊，师尚诏在山东莘县兵败被捕并被官兵杀害，义军全部被杀。此次起义历时九个月，转战三省，攻破府、州、县城二十余座（**包括吕坤当时所在的宁陵县**），是明代河南最大的一次起义，在豫东一带影响很深。

嘉靖时期的明帝国由于内政积弊深重，边事长久废弛，倭寇趁机频繁侵扰东南沿海地区，造成了极大破坏。与此同时，在长城以北，蒙古鞑靼部首领俺答汗不断掠夺沿边地区，甚至于嘉靖二十九年（1550）兵临北京城下，对京郊大肆掠夺。嘉靖年间，南倭北虏始终是明王朝的莫大祸患，但嘉靖帝依然淡漠朝政和国事。毛泽东评价他"炼丹修道，昏庸老朽，坐了四十几年天下，就是不办事"。嘉靖四十五（1566）年，刚上任户部主事的海瑞目睹此情此景，买好棺材，告别妻子，冒死上书，直言劝谏，发出"嘉靖者，言家家皆尽而无财用也"这一振聋发聩的呼声，结果海瑞被关进监狱。也就在这一年，那位信奉道教方术，追求长生不老的斋醮皇帝也走完了他的人生道路。

隆庆年间，内阁朋党之争仍在继续，但隆庆皇帝性情贞静、仁义，处事随和，能使手下有能力的官员放手行使朝廷权力来管理这个疲敝不堪的帝国。隆庆皇帝在位六年，帝国保持了相对的稳定和繁荣的局面。隆庆初年（1567），海禁解除，东南沿海的海外贸易活跃发展了起来，出现了一个全面开放的局面；隆庆五年（1571），在张居正的支持下，皇帝采纳了兵部尚书王崇古的建议，封俺答汗为顺义王，与蒙古俺答汗建立了封贡互市关系，从此基本结束了明朝与蒙古鞑靼各部近二百年兵戈相见的局面。

值得关注的一位颇有才干的官员——张居正是在隆庆初年进入内阁，开始参与国家机要事务的。在继高拱取代首辅徐阶之后，隆庆六年（1572），张居正联合司礼秉笔太监冯保赶走了高拱，任首辅开始主持内阁，在内政、经济、军事各个方面进行了一系列整顿和革新，颇有中兴气象。这是一个能让有志之士施展抱负的时代！

　　万历二年（1574）秋，明帝国正处在变革中兴之际，吕坤踌躇满志地踏上了仕途。自此时，吕坤开始了从政二十余年的生活，后辞官乡居又二十余年，经历和目睹了这一历史转换中的波折和颓变趋势。耄耋之年的吕坤在自己的墓志铭中无限感慨："今已矣！欲有所言，竟成结舌；欲有所为，竟成斋志。"

第2章

中年事功与学术并举

　　万历二年（1574）至万历二十五年（1597），是吕坤人生历程中最为重要的一个阶段，是正值盛年时期的吕坤在政治事业上和学术建树上都取得丰硕成果的人生辉煌时期。这并不是上天的恩赐，而是吕坤在自我人生历程中勇于求真务实、敢于突破藩篱的结晶。他在学术上，不株守门户之见而博综贯通，一直以仁爱民本为核心、万物一体为旨趣，学贵自得而力批诸学流弊；在事功上，一心系于民生，力行于实政实为，不屈权势，痛斥时弊，其实政措施及其精神皆为世人所重。这一时期完成的著述《呻吟语》《实政录》，是吕坤学术与事功并举的思想结晶，充分体现了他在为人、为学、为政等方面求真务实、明体达用的精神风范。

心系民生　实政济世

吕坤早年在农村求学，生活了三十多年，对普通民众的艰辛生活及其对社会历史发展变化的决定性力量深有体会。他认为天地之间只靠两种人生活，那就是农夫和织妇，如果不重视他们的生存，那无疑是自戕其命。自《尚书》中"民为邦本，本固邦宁"始，对"以民为本"力量的深刻认识历来是儒家思想的传统。孟子更进一步提出，"民为贵，社稷次之，君为轻"，人民群众是国家的主体；荀子则将民众和君主比喻为水和舟的关系，"水亦载舟，水亦覆舟"。吕坤自从踏上仕途，就将"以伊尹之所志为己任，以社稷苍生为己责"作为一生的政治抱负，这也是他一生的人生价值诉求。

实心于实政

万历二年，吕坤初入仕途，出任山西襄垣县令。史料记载，吕坤在襄垣任内"有异政"，既能令行禁止、执法严明，又能体恤民情，不虚耗民财、民力。他以德化民情、以法治豪强，两种手段并行，取得了显著的政绩。明末清初之际，关中知名学者李颙对吕坤的政绩多有描述和称颂，他说吕坤

"视县事若家事，视民产若己产"，致力于兴办实事，不辞辛劳，闲暇时常单骑巡行于田间小道，关心、督促农耕、桑麻等生产活动，以及实地考察疏渠凿井，细致详尽，一点都不忽视。据史载，吕坤被调往大同，赴任即将离开襄垣时，大雪纷纷，道路泥泞，年长的数百乡亲强拦他不忍分离、痛哭话别，乡里的先生们在郊外摆酒相送，学校里的学生们在泥泞的旷野里迎着风雪拜送，偏僻遥远村寨里的人们相聚而来伏哭于道旁，多至几千人，有的还头顶香料，以很隆重的礼仪欢送他。妇女们更是号哭失声，小儿们也趴在道旁磕头不止。同僚们也来为他饯行，乐人们流泪奏乐，哽咽不能成曲。有的人甚至在路途中住一夜，第二天接着相送。更有曾经被吕坤惩罚过的某个豪绅数日后追赶上他，吕坤疑惑他有其他什么事，这个豪绅说自己以前不知道有法，现在深受教诲不再犯法，远途追赶只为感谢话别。如此空前的送别场面，确实十分感人。各界民众能以如此礼遇厚报于他，可见吕坤在襄垣为官一任，造福一方，因其宽厚的仁德和显著的政绩深受民众信赖和爱戴。

身在其位，须谋其政。《论语》中说："士不可以不弘毅，任重而道远。仁以为己任，不亦重乎？死而后已，不亦远乎？"吕坤为政一方都能以"任"者自律，有担当重责任，主张实干反对空谈。他说："谈者与任者不同。谈者以口，任者以身。谈者身在事外，任者身在事中。谈者祸福不及，任者利害与共。"吕坤实心于实政，很注重实地考察民情。万历六年（1578）以来他在吏部任职，万历十一年回宁陵老家休假时发现本县土地数据、税粮份额都存在诡隐不实的现象，多次清查都没有搞清楚，于是力主清丈全县地粮，明确数额和分属，避免因为这种欺蒙不实的状况而引起纷争乃至诉讼。对邻境侨居民众开荒屯田及税粮分属不明引发的"一地二粮"的弊端，他多有建议，但未被当局重视。后来这些地方因此引发了数十年的争讼，也导致州县经界不明，为以后的清理整顿埋下了麻烦。史实证明，吕坤的举措和建议，既体现了他为政求实、便民利国的务实作风，也表现出他具有一定的政治远见。万历十四年吕坤在宁陵休假期满，返回京城赴吏部任原职。他在返程中，每有路过府、州、县时，都会深入群众，调查访问当地社会生活状况，考察当地政府官员贤能与否。调查期间，吕坤对每个行业的从事者都会逐个访问，如看门的差役、轿夫、马夫、灯夫及村里的教书先生等。他无所不问，诸如，工钱多少，是否欠薪；差粮多少，能否缴纳；逐年收入有无负累；地方治安、司法、教育状况如何；客商店铺多寡；货物贵贱，买卖盈亏等。他通过闲谈聊天，多方搜求信息。如此访查，不必问询官员就已经了解一方的治理状况和地方官员有无作为了。这种深入实际调查研究的勤政作风，今天也有值得学习和借鉴的意义。

万历十五年，吕坤出任山东济南道右参政，分管济南的各项政务。他到任初就雷厉风行，针对各个方面的问题开展了全面的整顿工作：整饬吏治，消除刑狱司法积弊，使官员都能恪尽职守；尊崇文化教育事业，在乡村各处设立学校以便利教童蒙学习；抚恤孤寡老人，创建冬生院以便利济养残疾人；加强武备训练，禁止各种不法活动。吕坤一系列针对性的整治措施，为这里的人民办了很多实质性的好事，也使济南一带社会政治修明、局势安定。万历十七年，他出任山西提刑、按察使，后又升任山西提督、巡抚，掌管山西军政大权。吕坤身体力行，正己率部。他在任期间就指出巡抚职责重在一个"抚"字，就是巡视所部、安抚民生，以人民的生活是否安定为是否恪尽职守的衡量标准，也就是通过职责教化、开启良心使官员们实心实意地为民服务，通过严明法纪震慑不以民生为本的慵懒腐败的官场陋习。吕坤指出，要"罢一切虚文，省一切靡费，绝一切馈遗，戒一切奔走，无废法以市恩，无徇情以避怨，无借安静名以养极敝之祸，无生喜事心以开难塞之衅。总之，化成俗美，事理民安。一息无懈，三年有成，而后'抚'之一字庶几无愧"。吕坤言行一致，山西在他的治理下井然有序，人民也安居乐业。史书也记载吕坤在山西任内的五六年间"爱士民如子弟，视贪官如仇雠"，能以身作则，不贪污受贿，不随意举荐官员，也不冤枉检举官员；整肃官场陋习，兴文教、振武备，使人民能安居乐业，边境也安定无事。曾有分封在山西的某藩王拜见吕坤问道："老先生终日防贼，不知贼在哪里？"吕坤回答说："使殿下必欲见贼，今日不得在此坐。"万历二十年宁夏发生了"哱拜之乱"，全陕震动，山西也加紧了防备。吕坤看到这是一个多事时代，常亲临巡查边防，还将自己写的《安民实务》中的一系列有利于精兵强将、提高军队整体素质和战斗力的措施推行到所管辖的边关，以便整顿边务，巩固边防。未雨绸缪，防患于未然，体现了吕坤一定的远见卓识和实干精神。同年，首辅王家屏辞官回到故乡山西，称赞吕坤方正耿介，光明清廉，力行正道，将一个破败、凋敝严重的地方治理得井然有序，大有复苏的气象。在山西任内，吕坤依然特别留心于对孩童的教化，以及对孤寡无依者的抚恤，这无疑与他早年的家庭教育和家庭境遇相关。他为官从政虽雷厉风行、刚猛朴质，但不失至情至性、仁心厚德。

哀民生之多艰

屈原忧国忧民，有"长太息以掩涕兮，哀民生之多艰"的悲悯之歌。吕坤不仅是一个实心于实政的政治家，也是一个有着悲天悯人、忧民愤世情怀的现实主义诗人。

他用朴实无华而又形象的文字描述了万历年间自然灾荒给百姓带来的灾难，字里行间充满了深切的同情，读来让人震撼惊心、痛惜不已：

"那万历九年、十年，连年天旱。说起那个光景，人人流泪。平凉（今甘肃平凉市）固原（今宁夏固原市）城外，掘万人大坑三五十处，处处都满。有一富家女子，父母都饿死了，头插草标上街自卖，被一个外来男子调戏一言，却又羞愧，一头撞死。有一个大家少妇，见她丈夫饥饿将死，将浑身衣服卖尽，只留遮身小衣，又将头发剪了，沿街叫卖，却没人买。其夫饿死，官差人拉在万人坑中。这少妇叫唤一声，投入坑里。时当六月，满坑臭烂。韩王念她节义，将妆花纱衣一套，要救她出来。她说：我夫身已饿死，我何忍在世间吃饱饭。昼夜哭，三日而死。同州朝邑（今陕西渭南大荔县）一带，拖男领女几万人，半是不惯辛苦妇人，又兼儿女连累，困饿无力，宿在一个庙中，哄得儿女睡着，五更里抛撒偷去。有醒了赶着啼哭的，都着带子捆在树上，也有将毒药药死了的。恸哭流泪，岂是狠心？也是没奈如此。又有一男子，将他妻子卖钱一百文。离别时，夫妻回头相看，恸哭难分，一起投在河中淹死。万历十四年，邯郸路上，一妇人带三个小儿女，路上带累走步难前。其夫劝妻舍弃孩儿，妇人恸哭不忍。其夫赌气儿，先走了数十里，又心上不忍，回来一看，这妇人与三个孩儿吊死在树。其夫恸哭几声，也自吊死……当此之时，慈母顾不得娇儿，孝子救不得亲父，眼睁睁饿死沟中，路上狗吃狼飡，没人收尸。"

万历十六年（1588）春，山东、陕西、河南及南直隶、浙江发生大饥荒，树皮、草根、野草都被剥光、挖尽，饿死的尸体抛放在野外，出现了人吃人，甚至骨肉相残的惨况，同时，瘟疫流行。吕坤当时任山东右参政，有一天他去巡行所属的地区，见道旁有三三两两的青草，开着花还结着果实，孑然独存，没人采吃。问后才知道这种草有剧毒，吃后日夜吐泻不止，撕肠裂肝竟然不死，这比饥饿更难受，哪有人敢吃！吕坤痛心哀伤，写下《毒草歌》：

柳头尽，榆皮少，岂是学神农，个个尝百草！

但教饥饿缓一刻，那论苦辛吃不得！

嗟嗟毒草，天胡生此，既不延我生，又不速我死！速死岂不难，长饥何以堪！

哀民生如此多艰，这实在是吕坤同情民生疾苦的血泪之作。

灾荒之年的种种惨象，让人触目惊心。吕坤自年少以来就对民生的疾苦有深刻的认识，对身陷灾荒困厄中的民众有着深切的同情，故他在为政期间很重视救荒的政策，提倡官府和民间都要积极做好广积粮，这样才能使灾荒之年"家家都有救命之资，人人都有备荒之策"。他还编写《救命会劝语》，劝导民间百姓要勤俭节约，有备无患积极参与备荒活动："俗语说爷有不如娘有，娘有不如在手。只望百姓们，随贫随富，除了纳粮当差外，宁好少使俭用，宁好淡饭粗衣，好歹多积些救命谷，多积些救命钱，宁为乐岁忍饥人，休做凶年饥死鬼。且如老鼠盗杂粮，积在穴中，没时备用；鸟雀衔楝子，藏在树里，冬月防饥。你曾见荒年饿死多少鸟鼠？人生过日，倒不如鸟鼠见识，可叹可叹！"

"天作孽，犹可违；自作孽，不可活。"自然灾害还是可以躲避的，但人为的祸害想逃也逃不了啊！并非人的见识不如鸟鼠，劝民勤俭自养，应当使他们拥有一定的可以供给自养的条件和能力。面对在恶性土地兼并中失去土地而沦为佃农、奴婢或成为流民的人们，以及被"敲骨捶髓"般残酷刻薄盘剥殆尽的人们，吕坤在劝民的叹息中自然流露出对时政如此不关民生的难言无奈。但吕坤是以"任"者自居，而不是"谈"者，认为空谈误国，实干兴邦。吕坤在政治生涯中，常常将"民饥而我粱肉，如茹荼毒；民寒而我裼裘，如披荆棘；民愁而我歌拍，如问喑咽；民劳而我安闲，如在恫瘝（tōngguān，病痛、疾苦）"作为他在仕途的箴言。黎民百姓之所以生活在饥、寒、愁、劳中而不能自养、自救，原因更多地来自统治的腐败和黑暗。吕坤深刻揭露和批判了腐败统治下不平、不均所导致的贫富分化，以及差距悬殊的社会现实。他在《官府来》这首写实诗中，将官吏出巡时"就中坐着真秀异，珠履金冠锦绣身"的奢华靡费和饥民在家"甑中无米室无烟，独抱饥儿啼明月"的困苦无望作了鲜明对照。在取材于现实生活的《围裙词》中，他描述了一个贫妇不堪官府的残酷盘剥，卖掉小儿抵充滥税的凄惨情景：

> 赋急室空，百计无处。我身难卖，卖我儿女。儿女牵衣，喑喑长啼。一行一顾，割我心脾。卖银输官，官买围裙。华屋锦座，罗绮销金。上有小儿，撷花戏耍。疑是儿身，不觉泪下。不知真儿何处饥与寒，争似画儿筵上喜蹁跹？呜呼苦复苦，筵上人知否？

如此残酷的剥削掠夺和悬殊的贫富差距，必然导致社会矛盾的激化和动荡不安。吕坤认为导致这种民不聊生、社会不安的主要原因就在于不公平。他指出能使天下安定的，只是个"平"字，公平了就能安定，不公平就不能安定。吕坤看到了农民问题的根本在于土地，只有让人人都有属于自己的一亩三分地，生活有了保障，乱心才不会产生，社会才能正常运行。但对于赖土地生存的农民而言，在封建专制体制下不可能长久地拥有一份自己的恒产。有明一代，尤其是中后期，土地兼并日趋激烈，上自皇帝、王公、勋戚、宦官，下至地主、官绅大肆侵占土地，甚至使百年土著民倾家荡产、抛妻离子沦为流民。吕坤当然无力从根本上改变封建专制下的土地制度，他提出"均平"主张来抑制土地兼并，极力赞成并推行张居正的"一条鞭法"，清丈土地，平均赋役和税粮，以相对减轻农民的负担来缓解社会的矛盾。关注民生，以民为本，这才是时政的根本和急务，为此吕坤告诫君主"知君身之安危，社稷之存亡，百姓操其权故耳"。君主自身的安危、国家的存亡都取决于百姓，百姓才是这个国家的根本；如果统治者们高高在上，恣意肆虐，不顾民生，必然会失去民心，终将重蹈桀纣灭亡的覆辙。

深刻批判吏治腐败，以救时要务为己任

得民心者得天下，失民心者失天下。吕坤指出天下存亡系于"人心"两字，只有与民同心才能实现社会的安定和发展。吕坤认为朝廷设置官员本来是为民服务的，满足人民需要的，而不是强迫人民服从于官。吕坤对官场上不以民生为念而奔走于人情世故的"打成一片牢不可破之熟套"的腐败陋习深恶痛绝。这与他在家乡至孝至情的性情多有差别。他为官个性耿介峭直、刚正不阿，执法公允、不徇私情。他对明代专制下的官僚制度弊端和官场上种种不作为心态都给予

了深刻的揭露和批判。

吕坤在山西襄垣政绩卓著，襄垣的百姓为了表达纪念，在他离任不久后建立了吕坤生祠。吕坤听闻此事后，申请把他的生祠改为乡约所，用来便利乡里民众们聚会学习礼乐教化，敦化民风民俗，此举的目的是矫正当时封建官场滥立碑石、沽名钓誉的陋习。他曾写《僚友约》供为官者共勉，提倡官员应该崇真尚简，公为天下，反对繁文缛节、循规蹈矩，或随波逐流、不敢作为的官场混世行径。在大同任职期间，邻县大官绅王家屏的姐夫王某犯了人命案，被押抵罪。当时身份为礼部尚书的王家屏守孝在家，因为服丧期满赶赴京城，即将出任吏部尚书，路过大同时他向吕坤说起王某的事情。吕坤直言说："罪案已定，不可更改。"王家屏到京城上任后，向同僚们说："天下第一不受嘱托者，无如大同令矣。"还特意上疏举荐吕坤。万历六年至十五年（1578—1587）间，吕坤任职于吏部。吕坤认为对官员的选择、任用、升迁等要公正无私、依法办事。但他看到的却是任用一个人或辞退一个人都要听上司的口吻和看上司的眼色，这些都是假公济私、拉帮结派而背离民心的行为。他还看到不少背弃公义、沽名钓誉，为了自身的财富、权欲而有负于国家的丑恶行径。吕坤揭露说："古之居官也，在下民身上做工夫；今之居官也，在上官眼底做工夫。古之居官也尚正直，今之居官也尚媕（ān）婀。"在那样一种专制之下的官场里，拍马溜须、谄媚逢迎上司是走向仕途中的人的一贯作风。官场上下交相逢迎、贪污受贿，必然滋生更多的贪官污吏，痛苦不堪的只能是人民百姓。吕坤将这些未得志前低声下气、曲意奉承，而后志得意骄、专横跋扈、为所欲为、中饱私囊而不关心民众饥寒的贪官污吏形容为"豺狼遍野"和"狐鼠盈庭"，说他们"心不念民，口不谈政"。吕坤还对那些保守、慵懒，不求有功，但求无过，只关心自己乌纱帽的平庸官员深恶痛绝，斥责他们"是宇宙中一腐臭物耳"；抨击这些平庸之辈们身窃高位，终日所留心的只是搜刮民财以肥己，而对民众的疾苦置之不理，他们不蚕织却衣文绣，不耕畜却食膏粱，不雇贷却乘马车，不商贩却满积蓄。这些人对国家社会分毫无补，好似是人间的"雀鼠"和"虎狼"，不劳作而食，如同雀鼠，残酷搜刮而食，如同虎狼。吕坤的批评真可谓切中要害，入木三分。

吕坤对专制体制下的吏治腐败的认识和批判没能超越那个历史时代的局限，也不可能从体制和根本上来解决这个问题。他认为吏治如此腐败，关键病根是两个字："私"和"伪"。官场上下到处都是蔑视法纪、相互攀附、各谋私利之人，自私自利司空见惯、弥缝搪塞、互相欺蒙，一生精力都用在应酬世态和自家身上了，没有实心于利国利民的实政。因此，吕坤更多地是从实际考察中提出一系列具体措施来矫正当时吏治中存在的种种积弊，以求维护封建统治的正常秩序。吕坤每到任一方，既重视世风教化，整肃官风民风，又通过实际的政绩考核官员，矫正官员不作为的现象。他在山西任按察使、巡抚的时候，根据实地考察先后写成《风宪约》《刑狱》《明职》，印成书册颁发到各府、州、县，严令一体遵行，不能仅当作文案抄写，要落实到实际的事务中去。其主要目的在于整肃吏治种种积弊，如"虚文日盛而实政亡，厚道日隆而公法废，人事日精而民务疏，颓靡日盛而振举难，蒙昧常多而精明少，为家念重而为国轻"等不良官场陋习。刑狱方面，他强调惩罚不是最终的目的，重要的是要起到德化教育的作用。因而，他认为要重视狱情调查，将人民的生命放在首位，不能草菅人命。设官分职，本来就是为了明确职责，以责任规约身在其位者恪尽职守。吕坤指出，当今天下没有一事不设衙门的，也没一个衙门不设官员的，但政事荒废，民生困乏，主要原因就在于这些官员沉溺于自己的官位而忽视了自己应该承担的责任。在这样一个专制体制下，吕坤在政治上所作的只能是自己恪尽职守，冀望能在自己力所能及的范围内影响他人了。吕坤直言不讳地批判、淋漓尽致地揭露了晚明以来封建吏治的黑暗和腐败，也为我们描述了一幅晚明时期的官场现形图。

因此，以"救时要务"为己任的吕坤在地方任职，总能正己率部、执法公允，既勇于整肃吏治弊病，也敢于裁抑豪强；在京城吏部、刑部任职，则能恪尽职守、刚正不阿，既不怕丢官而据理与皇帝相抗争，也不曲意附会，而是坚守自己的观点。

万历二十二年（1594），吕坤时任刑部左侍郎，认为当时的"董范之议"案判决过重，遂与刑部尚书联名上书，不惧怕皇帝盛怒，敢于为被冤枉的人申辩。董、范就是指浙江乌程（今吴兴）前任礼部尚书董份和前任祭酒范应期。董份曾经因贪婪奸险依附于严嵩而被除名。范应期曾经为神宗皇帝经筵讲《尚书》，颇受神宗器重。二人在家乡专横跋扈，多有不法行为。万历二十一年（1593），右副都御使王汝训巡抚浙江。王汝训清廉耿介，疾恶如仇，与时任浙江巡抚御史并以强直出名的彭应参及乌程县知县张应望合力打击了地方上的这些豪强恶霸，范应期父子自缢而死。于是朝中有李先芳、耿随龙弹劾王汝训他们胁迫范应期致死。范妇吴氏也在董份的唆使下上京诬告，致使神宗皇帝大怒，下令逮捕彭应参、张应望，罢免王汝训官职。吕坤对此多次上书为恪尽职责的官员遭受不公惩罚鸣不平，要求弄清事实，依法办事，以使公众信服，否则会使天下敢作为的官员心寒，丧失民心。

万历二十四年（1596）五月，明政府内部针对日军入侵朝鲜问题是采取主战还是主和方式发生了争执，史称"朝鲜之议"。万历二十年（1592），丰臣秀吉发动侵朝战争。明政府答应朝鲜国王李遣使告急请求派军援朝，中朝军队配合，最终大败日军，迫使日军南逃，但日军仍占据朝鲜南部部分地区。丰臣秀吉为了保存在朝实力以备东山再起，假意与明政府议和。以兵部尚书石星为主的主和派主张撤军，并册封日本，而当时经办与日和谈的石星等人欺瞒蒙混，竭力对神宗皇帝掩盖丰臣秀吉的真实意图。吕坤站在主战派的一方，力主将日军彻底驱逐出朝鲜。他说："惟是朝鲜附在东陲，近吾左掖。平壤西邻鸭绿，晋州直对登、莱。倘倭奴取而有之，藉朝鲜之众为兵，就朝鲜之地为食，生聚训练，窥伺天朝，进则断漕运据通仓而绝我饷道，退则营全、庆守平壤而窥我辽东，不及一年，京师坐困，此国家之大忧也。……今朝鲜危在旦夕矣，而我计必须岁月。愿陛下早决大计，并力东征而属国之人心收。"事实也证明，历时两年的欺瞒蒙混的议和在万历二十五年正月丰臣秀吉发动的第二次侵朝战争中彻底破裂。这也说明了以吕坤为代表的主战派对日本侵朝战争的意图有深远的认识，同时也说明吕坤的意见是正确的。后来的事实发展也证明了这一点。

直呈《忧危疏》

　　万历二十五年（1597），吕坤六十二岁。这一年四月，吕坤以病乞归，回到离开了二十余年的家乡宁陵，结束了二十余年的政治生涯。吕坤在辞官前夕上《忧危疏》，纵论时务，直陈安危，对神宗的昏庸和贪婪有激烈的抨击，并洞观当时社会矛盾和发展局势，提出了一系列可行性建议和主张。他据实而论、言辞犀利、直击要害、提议中肯，气势宏大，多有振聋发聩的言论，可与嘉靖末年海瑞冒死直言劝谏嘉靖皇帝的《直言天下第一事疏》相媲美。但是吕坤这份"吁天叩地，斋宿七日，抽思万端"的慷慨陈词，并没有引起任何反应，或许神宗压根儿没看到。如此一片赤诚换来的却是无声无息，没过几天吕坤就称病辞归故里去了。

　　后人评论说："明之亡，实亡于神宗。"这种说法还是有争议的，但万历朝以来的种种积弊无疑加速了这种质变的发生。《忧危疏》并没有使这位皇帝以及他统辖下的这个帝国为处在"危"位而感到担"忧"，相反的是，虽处在封建经济发展总量达到中国古代巅峰的阶段，但政治时势却愈加腐败黑暗，社会矛盾也日益加剧。

　　吕坤也曾自我评价："独念薄命拙人，短于谋身而长于忧世。故半生仕途，无一可人。意所不平，每至忘己。"吕坤为政二十余年，系国家民众安危于一身，勤政爱民、急公好义、以理抗势，通过自己亲身的经历和耳闻目睹所交的最后一份答卷却如石沉大海，没激起一点浪花，这深刻地揭露了明王朝在腐败和黑暗中走向颓变、衰败的趋势。

吕坤直接告诫神宗："当今天下之势，乱象已生而乱机未动，天下之人，乱心已办而乱人未倡。今日之政，皆拨乱机而使之动，助乱人而使之倡者也。"天下形势已经岌岌可危，而现在的种种政令或者是不作为和滥作为却在加剧这一形势的恶化。吕坤所揭露出的种种弊病和腐败现象都切中要害，所忧所虑体现出的远见卓识也被后来的事实证明了。

吕坤指出国家在财用上虚耗过度，尤其是用于宫廷修缮和各地宗藩的奢侈浪费。除去不得不支付的平定宁夏哱拜叛乱、援朝抗日之战、修浚黄河之费等各动辄几百万外，宫廷修缮，仅采楠杉等大木于湖广、川贵等地一项，耗银九百三十余万，倍增于嘉靖年间；更严重的是劳民命伤民财，蜀民谚语说"入山一千，出山五百"，待到运送采木到京所耗民费已是官价的数倍，足见大兴土木的危害。各地皇亲贵戚繁衍庞大，纷纷奏讨封地兴盛，强吞横噬、侵夺民产。再如，为了应付宫廷奢侈靡费的生活而大兴织造，神宗派内臣四处搜刮，加派贡赋。山西的绸缎、苏杭的纱罗缎绢、陕西的羊绒等都额外加征、急征，二三年内耗费百万，皇室经费不足就搜刮户部、工部的库银，甚至扣留军饷。一丝一线都是民力民财，如此肆意敲骨捶髓、催逼驱使地搜刮，民生又会是怎样的光景！四方搜刮，百般刻薄尚且不论，更少那珍惜、节俭的良心，辛苦筹办本就耗费不少，而艰难转运到京师的粮食多因储存管理不严而腐烂，"可惜万姓膏血，化为一房尘土"。

就在吕坤上书前一年，即从万历二十四年起，神宗就派出许多宦官充任矿监税使，在全国各大城市以征商开矿为名，大肆掠夺民间金银，并专门在重要城镇、关隘和水陆交通线上设卡征税。矿监更以开矿为名，任意拆迁民屋、掘良田、挖坟墓，甚至公开抢劫奸淫。宦官于各地开店，从事商业贸易活动，再加上地方官僚豪绅在商业上的优势，形成皇室、官绅垄断经营。如此强吞横噬、独占群侵，导致贫困民众难求丝毫薄利来养家糊口。吕坤尖锐指出，穷奢极欲、横征暴敛，无疑将导致涸泽而渔、壶尽杯空，人民生活极度困乏；欲壑难填的君王获取的只是一时的贪欲满足，而导致的却是人心尽失、国将不国。

严刑峻法使无罪作有罪，轻罪被重罚，执法不依法，完全取自个人喜怒，无疑失去了制定法律原本要以公正使天下人心、人情得以平衡，使犯罪者心悦诚服的最终目的。抄家罪重，株连太广使很多人遭到莫须有的惩罚和掠夺。东厂、锦衣卫爪牙横行，兼有吏贪、兵狠、刁恶、奸盗等乘机兴作，使民心难安，社会秩序也陷入混乱。闭塞言路让敢于进谏的人多被皇帝盛怒驱逐，导致的只能是一人高高孤立在上，听到的是可说可不说的，而听不到的是该说必须说不敢说的，岂不知，这一时的快意正是他日的忧患。

吕坤还极力批判了万历朝来内宫管理严酷，使"上殿者愁死不如无生，入宫者卖生即作买死"的状况。他的描述让人读来惊心动魄、不寒而栗："陛下数年以来，疑深怒重，殿庭之内，血肉淋漓，宫禁之中，啼号悲惨，冤魂夜泣，结为愁云，冤鬼宵吟，积为戾气，吉祥之地，岂宜如斯!"对侍奉在自己身边的人竟然不能发一点慈悲心，动一丝恻隐念，如此残酷寡恩，岂是不知赏罚有度能收左右的人心!

吕坤在山西任巡抚期间就重视作战方略、攻守之宜和防御之策，重视加强边防的建设。然而现今国家防御粗糙、简略，号称五军、三千、神机的三大营担任着内卫京师、外备征战的职责，朝朝炮震如雷，但马半虚瘦人半老弱;九边重镇之兵职在抵御外寇，处处甲光耀目，但勇于以众挟上而临阵却步。虽拥兵百万，既无能攻擅守之兵，也无能谋善战之将，外强中干，虚而不实。就各地郡县情形而言，武备松懈、城池失修、军需不足，一旦有民变则强拉民丁，以怨民斗怨民，谁愿意同心，谁又肯效死？朝鲜东接中土，朝鲜若有闪失，唇亡齿寒，其势必争；倭寇侵占朝鲜，旨在觊觎中土，实为国家之大患，应该以战援朝收属国的人心，以绝倭寇觊觎中土之念。吕坤认为，内忧外患都重在人心的归附，因为人心关乎国家的命脉，不可失也不能失。

吕坤还直接批评了神宗荒怠于朝政的弊病。神宗为何荒怠临朝，明末名士夏允彝认为是神宗宠幸郑贵妃而沉溺于酒色和厌倦于朝廷之上的朋党之争。今人孟森在《明清史讲义》中、香港大学亚洲研究中心的马楚坚都认为，当时的首辅申时行首鼠两端、曲意迎合，开创了两项恶劣的先例——奏章滞留宫中不批不发、经筵讲义送进宫中即可，促成了神宗的荒怠。今人樊树志认为，神宗荒怠于临朝不能等同于不处理朝政，主要是长期沉溺于酒色，以致疾病缠身，力不从心于日理万机，不是不为，是不能为了。吕坤主要劝谏神宗不可因为自负自大的侥幸心理以为内无可忧之事、外无可患之祸，而将各地呈上的奏章滞留宫中既不批示，也不发放，导致下情不能上达，一旦上下相欺，将贻误大事；更不能沉迷于穷奢极欲而聚敛天下财富于己有，天下百姓皆贫乏而君主又怎能独富有？人心得则天下吾家，人心失则何处非仇！当然神宗荒怠于临朝并不代表不处理政事，他对诸多重大事务，诸如对内外的三大征战（平定哱拜之乱、播州之乱、朝鲜之役）以及"妖书案""廷击案"等政治风波的掌控、处理意味着他仍牢牢把控着局面，但他的荒怠临朝和对奏章滞留宫中不予理睬，仍要为自万历十年以来灾情动辄连及数省，民不聊生，十室九空，以及天灾之外的诸种人祸的兴作负有责任。吕坤认为，民以食为天，民生之事无小事，民生关乎人心，人心乃国家之命脉；千里之堤毁于蚁穴，不关心民生以及攸关社会秩序安定的诸项政务势必造成种种弊病，酿成不可收拾的局面。

吕坤将生死置之度外，直呈《忧危疏》，沉痛劝谏，陈述利害，审时度势，极言"今日之势，如坐漏船，水未湿身；如卧积薪，火未及体，望陛下之速登涯而急起卧也。不然，积于千日，决于一旦"。

吕坤是一个有作为有思想的政治家，有一定的革新意识，他的所忧所虑宗旨是为了明王朝的人民生活安定、社会秩序稳定和这个封建专制统治的长治久安。他同情民众、民生的艰难和困苦，以强国富民、社稷苍生的安危为己责。他认为天下皆赤子、民我同胞，但无聊之民、无行之民、邪说之民、不轨之民虽为赤子，一旦失其心而堕其计，就都是我们的寇仇。吕坤了解民生困苦的缘由，看到了民心民情的背离，也预知时势如此下去必将发生巨大的变革。尽管吕坤明确提出和肯定人民是社稷存亡的决定力量，但他并不愿意发生这样的变革，因为除了以往历史上重复的一治一乱、分久必合、合久必分的王朝更替外，他尚不能突破那个时代的局限而看到不同的变革样式。

吕坤返归宁陵乡居后，在又一个二十余年中，他看到了他的预言在一步步地变成现实。他号中了那个时代的脉搏，但却不能医好那个时代的病。晚年的吕坤也只能为自己或者和他一样的志士们，因不能践行早年的"志伊尹之志"和扭转时局而长吁短叹、空留遗恨。

学术交游　经世实学

理学是明代学术的主流，明初至中期以来基本上以朱学为主，但在理论上并未有什么重要的突破，重点在实践理学，形成了一种较为质朴的学习风尚，但因其统治地位和与科举功名的挂钩，逐渐僵化而流于空谈者多，实践者少了。明中期王阳明心学的兴起，使理学发展方向发生了重大转化，并且随着心学逐渐在学术上取得了统治地位，以及讲学之风兴盛，大有席卷天下之势。王阳明之学的一种主要倾向是，将伦理上的道德意志之"良知"贯通到一切事物之中去，也同时意味着贯彻于整个行为之中。他提出的"知行合一"，即"致良知"，是本体和功夫的统一，即本体即功夫是一个无限扩充的过程，具有极强的实践性，凸显了人在道德伦理上的主体理念，推动了人主体意识的觉醒。王阳明之学也使学术趋向多样化，阳明后学中有人将人的"情、欲"纳入"良知"本体，为人的日用常行、合理情感欲望自由讴歌，此举有背离王阳明之学启蒙新思潮的倾向，更有些倾心顿悟逃禅、空谈心性而流于空疏的意味，从而使王阳明之学在明后期随着社会矛盾的尖锐化和形势的转变也趋向末流。这与王阳明之学自身在道德伦理上的极致必然导致在世俗社会中的退却有关，回归精神世界一隅的诉求也必然使心学空疏无用的弊端随之而来。由于朱学的僵化和心学渐趋空疏，伴随着各种社会矛盾的尖锐化，整个帝国处在内忧外患、国难民艰之际，学界出现了反对僵化和空疏，通过批判和修正理学而使之成为"有用之学"的实学学风。自明中期罗钦顺、王廷相、杨慎、陈建等人之后相继出现了一批强调经世致用的实学思想家、政治家和科学从事者。

吕坤身处的时代，正是一个社会矛盾已趋向激化，理学空疏无用、狂放虚伪的流弊也愈加突出的时代。在他从政的二十余年期间，不仅恪尽职守、励精图治，在地方倾心于体恤民情、为民造福，在朝廷能勇于直言进谏、为民请命，而且孜孜为学、论学著述，学宗程朱而贵自得，称道实学致用而反对理学末流高谈性命的空疏、虚伪和不切实用。吕坤在从政的这一阶段中和王阳明后学交游论学颇多。他通过广泛交游论学，将学行落实到关乎国家兴亡、百姓生死和身心的邪正上来。

学术交游

万历六年（1578），吕坤自大同县到京吏部任职，与孟秋相交，并有学术上的往来。孟秋（1525—1589），字子成，号我疆，山东茌平人，历任县令、兵部郎中、刑部员外郎、尚宝司少卿等，他为人正直、为官清廉、为学笃实力行，是王阳明心学在北方的传人，《明儒学案》列之为"北方王门"。吕坤自入京来，比较欣赏孟我疆的学问，曾经以《省心纪》请求指正。

孟我疆以《灵光》诗二首回复，其一云：

入圣无阶出小乘，憧憧终日费经营。

谁知陋巷箪瓢客，一点灵光照太清。

另一首云：

乾坤生我共三才，一点神明万化开。

我有天光常自照，妖魔何处上灵台！

孟我疆学宗阳明，以"良知现成说"为是。良知即心，也即人自身本有的神明。修身之要虽有正心、诚意、致知、格物不同名目的说法，其实"正心"一以贯之，也就是所谓的"我有天光常自照",一时俱到,一了百了。其为学功夫简易、快捷,但似有禅化之嫌。因而他回复吕坤二诗,是讥刺吕坤为学省心的功夫由外而至,故过于支离、严苛,不得要领。吕坤答诗与之相辩论:

> 防检工夫未可嗤,灵光岂得便无疵。
>
> 怪来耳顺人不歇,还有从心逾矩时。

又诗云:

> 三月不违亦久哉,纤尘犹得入心斋。
>
> 乃知陋巷先生乐,辛苦曾从四毋来。

吕坤为学多从独立思考上而来,黄宗羲评价他是心头有一分检点,便有一分得处,都是从忧患中历练而来,因而不敢任情散放。因此,吕坤以人六十耳顺之时仍不停歇、七十古稀从心所欲尚不能逾矩来说明克己功夫不能仅依赖于"一点灵光",人的存在是主客体的统一。吕坤强调"毋意、毋必、毋固、毋我"的功夫,旨在说明为学须敬义夹持、德知双修,才能使心与理一,才是修身正道。尽管吕坤很欣赏孟我疆的学识,但二人的旨趣毕竟不相合。

万历十年(1582),吕坤在吏部任职时与杨东明相识,二人情性相投,引为同道而结交,并以长子知畏与杨东明之女宜家缔结婚姻。杨东明(1548—1624),字启昧,号晋庵,河南虞城人,历任礼科给事中、太常少卿、光禄寺卿、通政使、刑部侍郎等职，为官正直，敢犯颜直谏，能以天下兴亡为己任。其学宗王阳明，也是北方王门学派的代表人物，为学重躬行实践，颇得阳明学主旨。其思想特点主要体现在理与气合一、义理之性与气质之性合一。他认为，天地之间从本质上看是气，人之性本质上为气质之性，但理在气中，理是气的灵魂、条理，义理之性在气质之性中，义理之性是气质之性的体段、本然，因此，不可分开来讲，只讲气、气质之性，举一而二者自备，理、义理之性已在其中了。杨东明确有实用之功，也深得阳明的"无善无恶心之体"的肯綮。吕坤曾在给杨东明文集的序中指出其学术渊源和特点："启昧之学得之杨复所（杨起元），杨复所得之罗近溪，近溪得之颜山农，而渊流则良知一派也……其旨以本体为根宗，以解悟为入门。"吕坤批评了当时讲学者的两大弊病：一是伪，行为、做事不顾及自己所说过的；一是腐，所学不切实用。他肯定了杨东明之学为实学，是有用之学，口中所说无一散漫言，无一世俗味，字字都是从胸中流出，都是其亲身躬行实践的结果。

万历十四年（1586），在家乡宁陵休假期满后，吕坤返回京师吏部任原职。这年年初，吕坤在孟我疆处与邹元标相识，二人之间曾相互往复辩论学术。邹元标（1551—1624），字尔瞻，号南皋，江西吉水人，累官至刑部右侍郎，为官刚正不阿，勇于抨击时弊，曾多次犯颜直谏，以致数次被杖责，屡次被贬官。从万历十八年（1590）至万历四十八年（1620），整整三十年，邹元标居家讲学，未涉仕途。在这期间，邹元标与顾宪成、赵南星被称为"东林党三君"，为东林党首领之一。他一生清正廉直，潜心治学，名誉颇高，确实堪称一代名贤。邹元标学宗陆九渊、王阳明，黄宗羲将他列于"江右王门"。邹元标学术思想以直识心体至善为入手，以行恕道于人伦事物之间、与愚夫愚妇之心同体为功夫，以不起意、空空为极致。邹元标之学虽然不忌讳禅学之说，如明心求见本体即是佛氏之本来面目，行恕也不是孔门之恕，而是佛氏事事无碍之意，但邹元标之学与时推移，其一规一矩必合当然之天理，宗旨上依然是儒家的本色。吕坤初见邹元标就很是赞许他的道德修养和才识度量，但也批评邹元标为学有所不足。吕坤给邹元标去信指出其不足：资质高明、气质豪迈，但却疏于严敬检点、漫无约束；学识超群、气魄宏大，但乐于顿悟而略于精实。他劝邹元标将佛学典籍和陆九渊、陈白沙、王阳明的一切书籍束之高阁，推荐朱熹及明前期理学家胡居仁、薛瑄之书，意在强调应注意循序渐进的为学阶梯和认知之于正身的重要性，指出并非有什么捷径可一悟即了。邹元标对吕坤的批评不以为然，认为陆、陈、王三先生之学直承列圣而与周敦颐、二程诸宋儒平列，批评吕坤终日勤于三省己心的为学功夫是落脚、牵绕于枝节而枉费精神。邹元标认为自己是在大处检束，因为儒学真谛自有大头脑，头脑既定，细小之处皆可因之而定。吕坤又回信加以申述，只在大头脑上用功，而忽视日常行事上的不懈和严加检束，必然会导致千里之堤毁于蚁穴，为学功夫并非提撕本心一途，需要一生兢兢业业。吕坤认为道可顿悟而学不可顿悟，博学、审问、慎思、明辨不能仅停留在方寸、笔端之上，而是要付诸实际践行。他进而认为儒者的主要任务不在于谈性天、讲理气，理虽无二但事则不同，理可以心悟而事难心悟，政事、风俗、边防、河漕、礼乐刑名等实务皆须兢兢业业为学方可至。吕坤主张实学，为学要经世致用，对邹元标高谈心性痛下针砭。吕坤、邹元标往复论学，最后还是各持己见。邹元标后来曾屡次提及与吕坤的交往，视之为君子大儒。晚年期间两人尚来信问候，并"不以一时升沉荣辱之迹，而在万世学术之的"来相互勉励。

万历十五年（1587），吕坤出任山东济南道右参政，其间与张元忭有书信往来辩学。张元忭（1538—1588），字子荩，别号阳和，浙江绍兴人。张元忭善学，黄宗羲在《明儒学案》中将之列于"浙中王门"。他虽从王畿（龙溪）学，但不信其只要认识得本体便是功夫，即强调良知先验性一面而讳言功夫，认为用顿悟的方法体会那种"良知呈露"的精神境界，似与禅法相结合。张元忭认为本体本无可说，凡可说的都是功夫。张元忭之学谈良知重在察识善恶变化之端倪，纠正不正以归于正，但这并不是良知本体。他还认为朱陆之学本同源，只是后人曲意造成门户之见。黄宗羲认为张元忭虽谈王阳明之学，但究竟没超出朱子学范围。吕坤与张元忭二人曾就为学和治道相互辩论。吕坤认为求治必有法度，为学必有格式；德法相辅才是治道，内外兼修才是为学。张元忭回信认为，无私是治道的根本，正心是圣学的枢要。他欣赏吕坤为政一方能顺乎人情、严于执法，但担心吕坤过于执着而在不觉中有所偏失。

实学成果

　　吕坤是一个勤恳做官、踏实问学而学行合一的人。他不是明中晚期以来讲学中的人，也查不到他的师承授受。他反对那些为讲学而讲学，以及为获得名誉而讲学的人。他称道实学，因为实学是"有用之学"，能使言行一致，躬身于实践，尊德性和道问学双修，又能建功立业有用于家国天下。身处王学兴盛、阳明后学遍布大江南北之际，同时面对王学末流高谈性命、退缩于伦理道德精神境界一隅而趋于空疏、不切实用之时，吕坤能独立思考，学贵自得而勇于针砭其弊端，其为学自强不息的求实精神和强烈的社会责任担当意识十分可贵，是明中后期实学思潮的中流砥柱，也为后来经世致用之学的兴起起到了发轫之功。

吕坤从政的二十余年间也是其思想成熟的时期，在这一时期，《呻吟语》《实政录》相继完成并刊行。两书是集中反映他的哲学思想和政治思想的理论成果，也是他经世实学思想的集中体现。

《呻吟语》开始写作于嘉靖四十二年（1563），刊行于万历二十一年（1593），集吕坤三十余年学力而成。该书内容涉及天地世运、人伦物理、修身问学、圣贤品藻，谈天道性命、论应务治道，兼及人情、养生、辞章等，是研究吕坤思想极为重要的资料。吕坤自称以《呻吟语》为名，意指病时疾痛所语，足见他为学勤加检束、严谨刻苦和独思自得的艰辛。清《四库全书总目》卷九三评论此著的思想特点是："大抵不侈语精微，而笃实以为本，不虚谈高远，而以践履为程。在明代讲学诸家似乎粗浅，然尺尺寸寸，务求规矩，而又不违戾于情理。视陆学末派之猖狂，朱学末派之迂僻，其得失则有间矣。"

《实政录》是吕坤在山西从政时期的著作汇编，是他在实际政治活动中的一些政论性思想结晶。吕坤崇真尚实，为政求实功实效。他对当时政治上的弊端作了淋漓尽致的揭露和批判，也提出了一系列应务救治的措施和方案。这部著作是研究吕坤政治思想的重要资料。

另外，吕坤于万历十八年完成《闺范》一书。这是一部关于封建社会女性伦理道德规范的书，在明清两代社会中广为流传，甚至在民国初年的社会上也产生过深远影响。全书四卷，首卷从六经及《女诫》《女训》等书选辑了一些言论加以理论解说，后三卷罗列了一系列"善行"，主要是宣扬女性孝烈贞廉、贤明严慈等明礼守节的德行和情操。此书以通俗的语言宣扬了封建伦理对女性的道德规范的要求，也有一些鲜明的维护妇女权益的新观念，是了解当时女性思想和生活状况的重要史料。

吕坤生活的时代是明王朝盛衰转变的关键时期，尽管表面上看国势比较稳定，社会经济也获得了空前的发展，商品经济达到了前所未有的活跃，并且在一些地区出现了新经济的因素，但正如吕坤所言，明王朝乱象已萌生，皇帝怠政，苛捐杂税肆意搜刮，大兴土木奢靡浪费，官贪吏污法纪败坏，厂卫特务横行和党派纷争不息，民众不堪其命身处水火之中，治乱系于一线，而明王朝并没能把握时机，反倒变本加厉，使这个时代的危机愈加深重。吕坤的上书进谏和著述都深刻真切地反映了这些社会现实。同时，吕坤的著述从学术思想的角度也体现了这个时代的危机。他既批判王门后学中的末流蹈空务虚、不切实用、流于狂禅的学风，也批判了朱学末派拾人牙慧、迂腐僵化、醉心功名的世味。吕坤勤于独立思考，主张打破学术门户之见，熔铸百家，弃伪存真，实学实用，既有"我只是我"的学术独立精神，又有学术与事功并重的进取精神。吕坤的学术思想比较平实，尽管在理论创新上没能超越前人，但对明清之际实学兴起有发轫之功，其作为一个时代转型之际的思想家，不乏一定启迪新思想的意味。因此，通过探讨吕坤的思想，我们能从中得到许多有益的精神资源。

第 3 章

晚年淡泊乡居而心忧天下

万历二十五年（1597）四月，时年六十二岁的吕坤上《忧危疏》，纵论时务，直陈安危，然而一片至诚之心如石沉大海，没有得到丝毫关注。同月，吕坤以病请辞回归故里，自此至万历四十六年（1618）六月初八于家乡宁陵去世，是他度过的最后二十余年的乡居生活。乡居的岁月里，吕坤过着淡泊、勤俭、朴素的生活，既摒绝奢靡浮华，也不涉旁门左道，他在宁静、淡泊之间，不忘"学颜子之学"，每与远近弟子及师友讲论、体认身心性命之学，亦不忘"志伊尹之志"而关心民生疾苦、心忧天下国家。

吕坤与"妖书案"

　　万历初年，张居正辅政十年，厉行改革，使明王朝出现了太平盛世的中兴景象。张居正死后被罪告天下，不久神宗也开始荒怠朝政、委顿于上，官僚则党派林立、党争于下。黄仁宇在《万历十五年》中对万历早期这一段历史作了精辟的评述："表面上似乎是四海升平，无事可记，实际上我们的大明帝国却已经走到了它发展的尽头。在这个时候，皇帝的励精图治或者晏安耽乐，首辅的独裁或者调和，高级将领的富于创造或者习于苟安，文官的廉洁奉公或者贪污舞弊，思想家的极端进步或者绝对保守，最后的结果，都是无分善恶，统统不能在事实上取得有意义的发展。"尤为值得注意的是官僚集团之间的党争之弊，他们彼此攻击，如水火不相容；神宗既反对党派纷争，又支持党同伐异，借此以制衡权力，在一定程度上规避怠政中的威权震主现象。但如此政治环境，统治集团内部纷争愈演愈烈，致使他们关心的不再是国家大事和朝政改良，而是宫廷、朋党之争和人事安排而已了。

　　这里要提及与"妖书案"关联的万历朝时的"建储之争"，就是册立东宫——皇太子，太子当时又称为"国本"，因此也叫"国本之争"。尽管吕坤无意于党同伐异、拉帮结派的政治纷争，但是"妖书案"一事仍将他直接置身于政治旋涡的危险境地。神宗因为宠爱郑贵妃，打算立她所生的皇三子（朱常洵）为太子，因遭到皇太后和大臣的反对而长久搁浅。自万历十四年首辅申时行提出建储，一直推拖到万历二十九年才定下立长子（朱常洛）为太子。神宗一拖再拖，大臣们一争再争，这一拖一争即长达十五年之久的"国本之争"。后人评论说："自古父子之间未有受命若斯之难也！"这也使党派纷争掺杂着宫廷斗争，从而变得错综复杂。

吕坤上《忧危疏》没得到任何回应，遂称病辞官回乡，第二天就有吏科给事中（明朝设置给事中，掌侍从、谏诤、补阙、拾遗、审核、封驳诏旨，驳正百司所上奏章，监察六部诸司，弹劾百官，与御史互为补充）戴士衡上疏诬蔑、弹劾吕坤《忧危疏》所言夸大其词、危言耸听，致使人心惶恐、举朝为危。不几日，戴士衡又诋毁吕坤对兵部尚书石星主张册封丰臣秀吉误国之事和蓟辽督抚孙鑛（孙月峰）滥杀南方士兵之事不直言申诉，机深志险，曲意附会，没有大臣的气节。皇帝下旨："吕坤已去，不必又论。"尽管现在无直接证据考证戴士衡这种说法是否属实，但看吕坤上书对日本侵略朝鲜问题的态度和主张，这种说法似不符实情。《宁陵县志》中称吕坤立朝有大节，能坚守己说，不为权势派系纷争所动;《明史·吕坤传》称他性格刚介峭直,指陈时政,耿直诚实,对他深为赞赏。

万历二十六年(1598),戴士衡再次弹劾吕坤。这次弹劾吕坤的缘由是吕坤假托《闺范图说》,包藏祸心,结纳宫闱,逢迎郑贵妃。吕坤在万历十六年于山西任按察使期间撰有《闺范》一书,这是一本搜集历史上所谓"列女"汇编成册而讨论妇女伦理道德教化的书。吕坤的朋友焦竑是一位颇有知名度的饱学之士,他为该书写序。《闺范》刊印后流传很广,各地有很多翻印本。神宗本人喜欢小说戏本以及画像等书籍,宦官陈矩(**万历中为司礼秉笔太监,万历二十六年掌管东厂**)曾奉旨搜集书籍,吕坤的《闺范》一书也在其中,传入宫中为郑贵妃所得,便令人增补十二人,加写了一篇序文,以汉明德皇后开篇,以郑贵妃终篇,明显有抬高自己地位之意,并嘱托其伯父郑承恩及其兄弟郑国泰重新刊刻,改名《闺范图说》,于万历二十三年出版问世。这个版本是在吕坤原书的基础上改头换面的,二书的出发点有着本质的区别,但后来便有人将二者混为一谈。戴士衡就是不加区分妄意污蔑吕坤的,致使吕坤莫名其妙地被戴上了结纳宫闱、包藏祸心的罪名,着实冤枉。吕坤上《辨明心迹疏》指出,如此莫须有的大奸大罪不能不辨,请神宗将二书详加核对,看新增部分和自己原著有无干涉,若有所涉,甘愿承担罪责。神宗因为吕坤已经辞官回乡，关键是整个事件牵涉宠妃郑贵妃，故装聋作哑，干脆置之不理。

孰料不久平地再起风云。还是万历二十六年，有署名燕山朱东吉的人为《闺范图说》写了一篇跋文，标题为"忧危竑议"。朱东吉自然不是真有其人，人名和标题都是有意为之的，有特定的影射意味。所谓"朱东吉"是指朱姓天下的东宫太子一定大吉；所谓"忧危竑议"，就是在吕坤的《忧危疏》基础上竑大其说。这个时候关于极为复杂、敏感的册立太子的事情尚未确定下来，"朱东吉"之名有影射册立皇长子为太子之意；而"忧危竑议"跋文则用含沙射影的笔法诬称吕坤《忧危疏》谈天下忧危，无事不谈，唯独不提及立皇太子的事情，其用意不言自明。署名朱东吉的这篇跋文，认为吕坤因在《闺范图说》中讨好郑贵妃败露难以自容，上《忧危疏》是故作姿态，但却欲盖弥彰，进而生硬地将吕坤的《忧危疏》曲意附会、含沙射影，将原本一份忧国忧民的奏疏歪曲理解，认为吕坤有逢迎内官，依附郑贵妃之嫌。文章又称吕坤与外戚郑承恩、户部侍郎张养蒙、山西巡抚魏允贞、吏科给事中程绍、吏部员外郎邓光祚、刘道亨、白所知等人同盟，将一本关于妇女伦理道德教化的书政治化、现实化，也将本已沸沸扬扬、复杂敏感的册立皇太子的政治问题引向愈加混乱的境地。同时，吕坤因这篇和《闺范》及《忧危疏》奏章相关联的跋文而被视为罪魁祸首，也被推到了政治斗争的风口浪尖，遭到来自各方的清算。吕坤无奈上《辨〈忧危竑议〉疏》，请求彻查、严办此事，以证清白。

朱东吉是何许人，无人知晓。但附会《闺范》及《忧危疏》，意欲陷害吕坤而将册立皇太子之事严重化，乃至引起党派纷争不息则是基本的事实。负责重新刊刻《闺范图说》的郑贵妃伯父郑承恩在"忧危竑议"跋文中被指名道姓提及，郑承恩非常恐惧。先前戴士衡附会《闺范图说》诋毁吕坤结纳宫闱、包藏祸心，言辞中明显涉及郑贵妃。而在此之前，滁州全椒知县樊玉衡也曾上书直指神宗因宠信郑贵妃而对皇长子不册、不冠、不婚，视天下宗社为儿戏，讥刺万历帝不慈、郑贵妃不智。郑承恩遂借此虚妄地认为"忧危竑议"是戴士衡假造伪书、中伤善类，樊玉衡是其同谋。他还将二人称为"二衡"，以激怒皇上，并欲牵连朝廷诸官员。因为"二衡"的上书直接牵涉郑贵妃，她对神宗哭诉不已，也认为"忧危竑议"出自戴士衡之手。神宗十分恼火，夜半传旨将戴士衡、樊玉衡下狱拷讯，据说嫔妃中有人强谏力劝，才没有牵连更多的人，着重处罚"二衡"了事。神宗下旨说"二衡"挟私报复，妄指宫禁，捏造书词，惑世诬人，将戴士衡发配到广东廉州，樊玉衡发配到广东雷州。此后御史赵之翰上书检举"忧危竑议"并非出自一人之手，主谋者是张位（时任内阁大学士，因招权示威，被朝臣弹劾，神宗给他以停职闲居处分），奉行者是戴士衡，同谋者有右都御史徐作、礼部侍郎刘楚先、国子祭酒刘应秋、原给事中杨廷兰、吏部主事万建昆。张位遂被革职为民，其他人或被罢官或被调任外地或被降职调往边外之地。此外，神宗还下旨申明，《闺范图说》一书是他赐给郑贵妃的，并且肯定了此书与《女鉴》道理相符，是宣扬妇女伦理道德的书。

这次因"忧危竑议"引发的"妖书案"，尽管牵连了一些官员，但并没有在政坛引发重大的震动。因涉及册立太子这一政治敏感问题及宠妃郑贵妃，神宗也没想将事情扩大化，尽量将问题轻描淡写处理了。吕坤虽然因其《闺范》一书被演化出"妖书案"一事而被置于政治风波的浪尖，但终究化险为夷了。对此，黄宗羲有较为公允的评述："每遇国家大议，先生持正，不为首鼠，以是小人不悦。先生尝为《闺范图说》，行之坊间，神宗颇喜小说院本及出像诸书，内侍陈矩因以《闺范》进览。神宗随赐皇贵妃郑氏。贵妃侈上之赐，制序重刊，颁之中外。时国本未定，举朝方集矢于郑氏，而不悦先生者，谓可藉手中以奇祸。给事中戴士衡劾先生假托《闺范图说》，包藏祸心。好事者又为《忧危竑议》，言先生以此书私通贵妃，贵妃答以宝镪五十，采币四端，易储之谋，不幸有其迹矣。戚臣郑承恩上疏辩冤，戌士衡。先生亦致仕不起。"

这次"妖书案"就这样告一段落了。然而万历三十一年（1603），一份仅仅三百余字，托名为"郑福成"，标题为"续忧危竑议"的文章骤然间在京师广为流传。"郑福成"，意指郑贵妃之子福王朱常洵应当成事；"续"，就是仿照之前《忧危竑议》的笔法，旧事重提。此时，皇长子朱常洛已被册立为太子。而《续忧危竑议》认为皇太子是不得已而册立的，指责郑贵妃欲废皇太子而以自己的儿子福王取而代之。书中指名道姓列举出当朝有"十乱"，郑贵妃是其一，其他还包括当时辅政的大学士朱赓在内的当朝大官员九人。这一篇短文犹如一重磅炸弹，几天内使朝廷上下乱成一团，引发政坛强烈震动。神宗再也不能容忍，勃然震怒，严令追查；而朝廷上下各个党派之间在混乱中也借此党同伐异，排除异己。这是第二次"妖书案"，但与吕坤已经没有任何关涉了。但此事说明，前次"妖书案"也只是党派斗争或宫廷斗争的借题发挥而已。"妖书案"影响所及一直延续到万历朝末，吕坤居家二十一年，屡次被推荐而没有得到任用，自然和统治者内部党派之争有关，而与其《闺范》一书衍发的"妖书案"纷争也不无关系。

有明一代，党派纷争自万历朝愈演愈烈，从"妖书案"可窥其一斑。简言之，宫廷斗争和党派纷争使政治局势愈加混乱，失序失效的政治内耗一定程度上使帝国的精力被加速耗尽了。

身在江湖　心忧社稷

吕坤对自己的评价是，短于谋身而长于忧世，自奉简约而重义明法，意所不平，每至忘己。当时人也称颂吕坤虽翱翔仕途三十余年，而家无厚产，更没有多余的财货，清约俭素，依然像个穷苦人。辞官回乡后，他依然奉行勤俭节约的生活方式，不仅不像众多乡宦广置田产、改造门第而贪恋虚荣浮华，对任何不义钱财及珍奇异宝等嗜欲玩好也一概禁绝。吕坤认为"俭则约，约则百善俱兴；侈则肆，肆则百恶俱纵"，良好的生活习惯和生活方式，既有利于德行的培育和养成，同时也是对善的弘扬和对恶的抑制。《宁陵县志》中记载了关于吕坤的这样一则故事：乡里人偶尔会看见一个农仆手挽柴车，不时还在田间树下徘徊，原以为是个乡野农夫、勤劳辛苦的人，并不知道这人就是辞官乡居的吕坤。吕坤不仅对自己厉行节俭，还严格要求弟子、门人要崇尚质朴、清俭，摒弃骄奢、靡费。

吕坤一生克勤克俭，孤介峭直，在官不依附权势而有理有节，在乡不炫耀声名而淡泊明志。吕坤在乡居期间很重视基层的教化事业，并能以身作则，绝不枉道苟合。时人评价他在乡有德泽教化之功，其言为人师，其行为人法。这里有两则故事颇能说明吕坤淡泊、峭直的品行。一日，有客从京师来，带给吕坤一封信，大意是当时的首辅叶向高曾在皇上面前屡次荐举他，应该回信致谢。吕坤认为，宰相为国家荐举人才是出于公义，而不是为了一己的私利，如果回信致谢，这和求官、要官就没有什么区别，不言谢，可以成就宰相为国家公义着想之心，否则宰相门前的感谢信还能少吗？另一则是，某日，有一皇上宠信的宦官差人带着书信和贵重礼物来见吕坤，不知道因何事而来。吕坤避而未见，认为明律有清楚的规定，禁止大臣和内宫的宦官交结，更何况和这个人素未谋面，并不认识。故不应答，将来函原封送回。从这两则小故事中亦可见吕坤其人的品性和人格精神。

吕坤自万历二十五年辞官回乡后，不断有朝廷官员推荐他出仕，甚至一年之中就有数次推荐，直至他去世前夕。其中推荐吕坤最尽力的是孙丕扬（1531—1614），他平生心服吕坤，视沈鲤、郭正域、吕坤为当时"三大贤"，认为吕坤是真正堪以大用的名贤。时年已八十一岁的孙丕扬目睹朝廷许多部门长期缺乏主管的长官，导致朝政壅塞、无人问津，反之，一些有用的贤能之才在野而不被任用。他曾不厌其烦为国荐贤，并数次上书推荐吕坤而终不得回应，一气之下径自去官，挂冠出都，辞官回家了。孙丕扬在学术上宗奉王阳明致良知之说，而吕坤曾与他在学术上多有讨论，并对王阳明"致良知"说多有批评，但二人又是志同道合的知己。道不能久行，久在其位又将何为！孙、吕二人辞官归故里，也是秉承了儒家思想固有的传统——君臣之间以义相合，不合则去。吕坤的为政主张和孤介峭直的品行并不为神宗认同，因而，吕坤被屡次推荐而不用，这在那个荒怠失序的政治环境下是很正常的，也与吕坤《闺范》及《忧危疏》引发的"妖书案"的影响有关涉。

万历四十六年（1618）六月初八，吕坤溘然长逝，安葬在宁陵县西北十二里的鞋城村。吕坤生前自撰墓志铭，对自己的丧事要求一切从简："衣衾仅周身，不重袭。枕附以经史，不敛含。一毫金珠不以入棺，一寸缣帛不以入葬。明器如生，丧具以纸，余照《家礼》行。不点主，不远谢，不动鼓吹，不设宴饮。风水阴阳僧道家言，一切勿用。"他不务虚名，不慕虚华，一生清俭，两袖清风。这亦能见得吕坤为人处世中朴实无华的人格风貌。

吕坤自谓长于忧世而短于谋身，一生的经历也确实说明他"进亦忧，退亦忧""居庙堂之高则忧其民，处江湖之远则忧其君"，他所忧、所关怀的就是天下、国家和民生的安危与生息。"进亦忧"，吕坤从政二十余载，不论是在地方治理一方，还是在京师为官一任，都能守道不渝、恪尽职守，为民谋利、为国请命。"退亦忧"，吕坤辞官乡居于宁静、淡泊，修身、明志之际，依然不忘恪尽"伊尹之志"而忧民忧国。

时人曹时聘（1548—1609），字希尹，号嗣山，称赞吕坤是"身在江湖，心忧社稷"。万历三十二年（1604）秋，位于苏鲁豫皖四省交界处的丰县和单县相继出现黄河决口。曹时聘当时任工部右侍郎，总理河道，提督军务。当时朝廷决定给河南全省分派征募役夫银二十二万两，吕坤闻听此事，相继写了长短两封书信给曹时聘，畅论朝廷应对黄河决堤策略之非，备述河工及百姓疾苦、贫穷之状，尤其是河南民工，更为辛苦，恳请免征河南夫银。曹时聘回信称将尽力排众议而请求动用国库之银，以便免征拟派河南的征银，即使屡请不得，也要设法采纳吕坤的"养其力所以大其用，缓其用所以久其成"的长远策略。也就是说，只有使久困的民生得到一定程度的复苏，才能更好地发挥民众的力量；治理黄河不能急功近利而求速成，缓一时之急，而是要立足于长远的规划，追求成效的长久性。曹时聘在回信末极力赞佩吕坤的仁义忠信，并祝愿他能早日被召用。

吕坤为国长治、为民久安而计、而急。他秉持民为天下社稷之根本的思想，极力抵制和反对不法、滥法的祸民殃民行为。万历二十七年（1599），宦官鲁坤奉皇帝之命带征河南的工商税及各种契税。吕坤知道这个人不依法行事，提前告诉归德（今商丘市）知府王思泉设法应付，不要让鲁坤扰民害民。万历四十一年（1613），神宗下旨封福王朱常洵于河南，并御赐庄田四万顷（二百万亩）。吕坤上疏《福府庄田议》，极力反对这种不当做法：如此大肆搜刮、兼并土地，二十年后民田岂不都变成王庄了？此举于国不利，国家掌握的土地减少，赋税来源严重不足；于民不利，农民承担的赋税额增大，民不聊生。吕坤极言，"树无两重之皮，民无两属之身"，如此贪残盘剥则社稷堪忧！吕坤还写书信给执政的相关官员讨论此事，又写书信给河南巡抚梁祖龄，恳请他陈民实情，极力挽救，为中州百姓造福。后来朝廷诸大臣也据理力争，奖赐只得减半，定额二万顷。

乡居的生活里，事无巨细，凡有利于民生、民俗改善之事，吕坤都能尽心倾力为之。吕坤关心民间疾苦，体恤贫弱，周济急困，劝助农桑，调停差粮，急民所急，利民所利，也使豪霸忌惮，不敢鱼肉乡里。吕坤支持张居正推行的"一条鞭法"，并在实践中多有新的创见。但他看到现行的"条鞭"之法弊端丛生，条鞭之外又有条鞭，变成了累民、穷民之法。万历三十五年（1607），吕坤与本县举监生员以及七乡的里老联名呈书给河南的巡按（直接对皇帝负责，职责是代天子出巡行使监察权，"大事奏裁，小事立断"），请申明"条鞭"旧法，并详备陈述了现行"一条鞭法"于本县的诸种弊端。吕坤还关心民生的安全事宜，注重城防事务建设。他倡议扩展修建宁陵县城垣，加强防御应变措施，防患于未然。然而，有人匿名诬蔑吕坤之所以提这个倡议，是因为他在山西任职期间聚敛了巨额财富，为了防盗而提议修建城防。此外，还指责吕坤这是"遂一己之私意，害一县之民，碍他人之祖坟，助自家之风水"等等。当然，这些只是好事之徒无根据的诋毁。吕坤的防患意识也是出自他对当时那个时代的敏感把握，当时的明帝国已经是乱象已形而乱机未动，民变一如熊熊烈火待机而发，他所能做的就是设身处地为这一方百姓的安危建言而已。

吕坤素来很关注民间的风俗教化，万历二十七年撰写《宗约歌》，凡劝、戒歌七十八事。吕坤感叹一宗一族之人多是名分尚存而人情不相洽，撰写此约歌旨在和亲睦族。劝，即事合当为则为之，如劝祭祖、孝亲、敬长、和邻、爱身、勤业、节俭、忍让等；戒，即事不当为则不为之，戒不孝、忤逆、贪财、赌博、争斗、强盗、邪教、杀生等。他用极通俗、浅显、明了的语言乃至乡俗俚语，使听者入耳悦心，欢然警悟。此外，吕坤认为妇女是撑起一家兴旺的半边天，因而很重视妇女的道德伦理教化，写《闺戒》就旨在用封建的道德以作劝诫。吕坤在所作《好人歌》中表达了他的民俗民风教化的"人之为人"的基本观点，那就是做个守忠信、重孝悌、知廉耻、明礼仪的好人，"百年一去永不还，休做恶人浼（wò 污）世间"。清代著名学者颜元对吕坤的事功和学术深为叹服，称之为大学术、大经济，是近世的大儒。他将吕坤所撰写的《宗约歌》《好人歌》《闺戒》及早年编写的《小儿语》等共六种汇编成一册，名之为《通俗劝世集》并为之作序，刊刻发行于世，认为其具有劝世、启蒙的教化功用，而且这种浅近通俗的语言表达方式也利于世俗道德教化的普及。

《左传·襄公二十四年》中写道："太上有立德，其次有立功，其次有立言；虽久不废，此之谓不朽。"立德、立功、立言，这"三不朽"是儒家最高的人生理想。吕坤的一生，没有经历过跌宕起伏的艰险与坎坷，也没有可大书特书的丰功伟绩，但他不论居庙堂之高，抑或处江湖之远，都勉励自己"以伊尹之所志为己任，以社稷苍生为己责"。不论进、退，吕坤都能"先天下之忧而忧"，求真务实、心念民生。《宁陵县志》中记载有后人对他的称道："功在朝廷，德在国家，言在万世。"这也不失为对吕坤一生中肯的评价。

交游论学　著书立说

　　吕坤在晚年乡居期间，除与远近弟子门人讲学之外，在学术上和顾宪成、孙𬭎（月峰）、孙丕扬（立亭）等人有很多交往和论辩。这一时期也是他著述广博、成果丰硕的时期，且多出新意。通过这些交流，吕坤与诸师友评论当时政治上的得失、当世学术风气的颓丧，探求救治之道，力倡经世致用。

评价张居正

　　万历四十年（1612），距离张居正去世已整三十年了。这一年张居正的三子张懋修为其父编刻文集《太岳先生文集》。有楚客从江陵（今湖北荆州）携带张居正文集来，吕坤一一阅读，特意为之撰写了一篇题为《书〈太岳先生文集〉后》的长文。张居正（1525—1582），字叔大，号太岳，湖北江陵人，倡导救世实学，是明中期著名的政治改革家。明神宗在位的前十年，张居正任内阁首辅，锐意推行改革，一改明嘉靖、隆庆以来积贫积弱的局面而出现"万历中兴"的形势。当时有人批评张居正手握权柄，应当行帝王之道，对他致力于富国强兵的改革很是失望。张居正不尚空谈，力求实务实效，直言申明他的改革目的就是要富国强兵。所谓的"帝王之道"，就是将天下国家的命运系于帝王一人之身，系于帝王一人的态度、知识、智慧、管理、预测等能力，也就是要臣属们辅助、服务于帝王，成就其统御之术，而不是将心系于天下苍生、社稷之安危。而这自然是包括吕坤等笃实经世的人士所不能认同的。

在《书〈太岳先生文集〉后》一文中，吕坤对张居正的文章、人格、才识、学问、事功都给予了高度评价，称其文风庄雅真醇，其涵养宏大深邃，其才识干练精明，有笃实之学，有胜"任"之功。吕坤对张居正的改革事业极为赞赏，在任职期间就曾大力推行张居正的各项改革措施，诸如整顿吏治、清丈土地等；在乡居期间也关注各项改革措施被滥用导致的弊端丛生，并曾联名上书条陈利弊，申明旧法。在此文中，吕坤再次回顾和赞颂了张居正在政治、经济、思想诸方面的改革功绩。如政治方面，张居正推行"考成法"，加强了对各级官员的考核和监督，有利于整顿腐败、松散的吏治，改善"心不念民，奔走世态"的歪风邪气，提高了政令的效率，使整个壅滞的政治机器迅速转动了起来。经济方面，张居正以"一条鞭法"为核心，清丈田地，整顿田赋，改革赋役制度，在一定程度上减轻了农民的负担，有利民生的安定和经济发展。思想文化方面，张居正禁止讲学，统一思想，这固然有利于改革的顺利进行和专制的维护，但在当时遭到了很多知识分子的激烈反对。

吕坤非讲学中人，但吕坤并不反对交游论学，并和当时阳明学派中讲学之士多有论学。隆庆五年，吕坤赴京应试时的主考官有张居正、吕调阳、沈鲤等，按当时的规矩，吕坤与张居正、吕调阳、沈鲤均有门生座师之谊。但吕坤秉性孤介，并不趋炎附势。万历十年，张居正病重，举朝为他设斋蘸祈祷，无异于醉狂。吕坤目睹此境况，写好谏疏准备批评此风气，沈鲤以"非大义不可灭亲"制止，吕坤遂焚毁了这份批判书，于此亦可见他的耿直性情。

当然，吕坤更多肯定和尊重的是张居正经世的实学和利国利民的改革及其精神。吕坤在这篇文章之末肯定的就是张居正的改革事业，"十年社稷之功，圣主岂能终忘！异日必有为之湔（jiān，洗）白者，则恃有此刻在"，认为其改革终有一天会得到公正认可。张居正死后不及一年，神宗皇帝就迫不及待地追夺了他的官阶，第二年抄没了他的家产，随后张榜告示张居正罪行于天下，将其家属发配去戍边。《明史·张居正传》记载说，直到万历朝结束，都没有人敢提及张居正。但在当时，吕坤就敢于直言是张居正的门生，且为他的文集写下一篇长文，赞颂了他改革的丰功伟绩。这不仅是出于师生之谊，更多的是二人在思想和精神上有很多共通性，当然也表现出吕坤敢于秉笔直言的真性情和大气魄。

相知顾宪成

顾宪成（1550—1621），字叔时，号泾阳，世称泾阳先生或东林先生，可谓与吕坤志同道合的挚友。顾宪成正直无私，廉洁自律，办事认真负责，不趋炎附势。

张居正任首辅时权倾天下，病重之际，百官斋醮祈祷，顾宪成的同僚担心他会因不合流遭报复而好心代他出钱签名，顾宪成闻听之后骑马赶去将自己的名字删去了。万历二十二年（1594），首辅王锡爵年老引退，吏部奉神宗之命依据人品威望推举能够胜任首辅的官员听候任用，时任吏部文选司郎中的顾宪成也参与其中。他们不徇私情，拒绝请托，严格按照人品威望推荐上报。但顾宪成等人推荐的官员都是神宗不喜欢的，于是反而指责吏部"徇私"，不由分说降旨严厉惩处，顾宪成被革职为民，自此结束了十几年的政治生涯回无锡老家了。被罢黜者身虽去，但声名反而更高，在朝在野的许多人士对顾宪成的人格品行十分佩服。这一去也成就了顾宪成的事业，使之名留青史，为后人所推崇。东林书院、东林学派、东林党，在教育、学术、政治上都对当时乃至后世产生了很大的影响。

顾宪成有志于治国安民的理想不能通过从政一途得以实

现，回到家乡后他将重心放在了讲学方面。他认为通过讲学亦可以实现济民救世的理想抱负，讲学既可以传授知识、培养人才，也可以接引同志，形成舆论，对社会实政造成一定的良性影响。顾宪成在居家讲学期间，亦出游江苏各地，意在将分散的讲学活动协调统一起来。万历三十二年，顾宪成和江苏地区的一些学者共同努力修复了旧时杨时书院，即东林书院。东林书院有名的对联"风声、雨声、读书声，声声入耳；家事、国事、天下事，事事关心"生动、形象地说明了以东林书院为基地的东林学派"以天下为己任"的救世精神及学术主旨。也即是，讲学之余，裁量人物，讽议朝政，将关心世道人心的"有用之学"的学术践履与关心社会政治的"治国平天下"的济世精神有机结合。在朝的一些官员也与之遥相呼应，如赵南星、邹元标、孙丕扬、李三才等。东林书院这时实际上已发展成为一个社会舆论中心，聚集于此的人们逐渐由一个学术团体形成一个带有政治意味的派别，被与他们政治见解不同的人称为"东林党"。东林党与朝廷中的腐朽、颓废势力进行了激烈的斗争，甚至不惜作出自我牺牲。顾宪成更以其竭诚坦荡的人格风范，以天下为己任的淑世情怀，以及务实的思想精神成为东林党的精神领袖。这与吕坤强调的实学、实政精神也是相通的。

万历三十九年，吕坤在回复顾宪成的书信中，感叹光阴蹉跎，自万历二十二年顾宪成罢官回乡一别，未能再见，很是挂念。他说，今读顾氏著作，很是赞赏东林学派的务实救世精神，并对顾氏的多部著述都有高度的评价，认为其《东林会约》是"今日第一要紧事"。顾宪成在《东林会约》中强调为学"要在躬修力践"，讲与习、事与理相结合，"事即是学，学即是事。无事外之学、学外之事也"。这种知行合一的实学精神为吕坤所认同，并在回信中再次强调了这一知行观的"行"的重要性，指出"到一地步，自见一步光景；尝一果肴，自觉果肴滋味"，主张现今的学问就是要消尽自私自利之心，宏大公己公人之念，这才是真实有用之学。

顾宪成与吕坤同朝为官数十年余，二人在学术旨趣和关心社会世道人心上有相通处，因而，二人在学术上时有交流，相互提携，在政治境遇上，相互劝慰、相互支持。万历十五年，吕坤在吏部任职，在这一年的"京察"（明代自孝宗弘治后，每六年由吏部、都察院考察京官，称之为京察）中，有人诬毁吕坤，顾宪成竭力为他辩白，才使得吕坤在这次京察中得以免遭诬陷打击。同年，神宗因为恼怒朋党之争，不分青红皂白、君子小人一体处罚了事。顾宪成对神宗这种不加区分，于执政并无任何良性效应的做法很不满，上书建言却遭到贬谪。顾宪成临行之际，吕坤撰文慰勉有加，既肯定了他直言进谏的行为，也对他端纯亮直的人格给予高度评价，以经世之学、有用之才相勉，认为其虽遭一时迁怒，但终有出头之日。

吕坤和顾宪成二人在学术上都重视经世济民的有用之学，反对游谈心性、蹈空务虚的无用之学；在社会政治上，都主张改革时弊，匡扶世道人心。二人共同的学术旨趣和政治关怀体现了他们一致的经世致用的价值取向。

交友孙丕扬、孙钅广

吕坤与孙丕扬、孙钅广交友甚深，在晚年乡居期间与他们之间仍有书信来往，共同谈论学术，批判时政，以求救治之道。孙丕扬（1531—1614），字叔孝，号立亭，陕西富平人，为官清廉正直，大公无私，以严著称。明中后期朋党钩心斗角，吏治腐败，官场混乱不堪。万历二十二年，孙丕扬时任吏部尚书，无私不曲，以正去邪，打击奸恶，使百官属僚不敢以权谋私。孙丕扬还以荐举贤能来报效国家，先后推举沈鲤、吕坤、郭正域、丘度、蔡悉、顾宪成、赵南星、邹元标、冯从吾、于玉立、高攀龙、刘元珍、庞时雍、姜士昌、范涞、欧阳东风等人，无奈神宗终不用这些旧人。后来，耄耋之年的他终因屡荐贤能而不被用，遂径自辞官回归故里。回乡途中他致书吕坤，吕坤回信以古训"君臣义和，不合则去"相勉励，慨叹"君不我用，在国何为"！赞赏孙丕扬学能得其真意，深味去就之义，有"不俟终日"的气节，也就是道不久行则不久在其位，盛赞孙丕扬不愿徒守其位碌碌无为而以待终日。孙丕扬学宗王阳明良知之说，著有《格物图》《论学篇》各一卷。晚年他和吕坤之间曾有书信往来讨论"格物"一说。吕坤在回信中与孙丕扬讨论、商榷之际，一再评论阳明致良知之学。他认为王阳明致良知之学是从情上立脚跟，以情识为根本，没有考虑到良知之上有性，性之上有天；没有性、天作主张，仅靠情识是管摄不住的。吕坤将王阳明致良知之学譬喻为用力于离弦之箭，纵使发见皆是良知，但因为没有根本，即使想要扩充，也将是随发随散，并且会连同它的发端一并消亡。吕坤在解释"格物"时，将"物"理解为物知意心身家国天下之理；将"格"理解为体验于格致诚正修齐治平之时。吕坤的格物说就是他的知行合一论，认为知行不仅自始至终不离，还是"明觉后躬行"与"体验后解悟"互发并进。于此亦可见吕坤极为重视经世致用。

孙鑛（1543—1613），字文融，号月峰，以号行名于世，余姚横河镇孙家境村（今浙江慈溪市）人。孙月峰博通经史，精于棋琴书画，是一个博学多识、才华横溢的才子。他在政治上也颇有建树，于万历二十二年总督辽蓟军务，兼经略朝鲜，曾警示日本和谈阴谋，主张积极备战。万历三十二年十月，孙月峰任南京右都御史，进兵部尚书，并加太子太保，参赞机务。万历三十四年冬，河南发生白莲教起义，孙月峰提出"用重典治之"，结果"逻卒四出，民大惊扰"，为此遭到两京给事中金士衡等人以"悖旨殃民、贪功生事"之罪弹劾。孙月峰上书辩解并"三疏求去"，于万历三十七年去官还乡，在家乡过着"布衣蔬食，恬然自得"的生活。孙月峰辞官前一年多次去信吕坤，二人就学术思想和政治时势多有讨论。吕坤在信中提及万历三十四年白莲教一事，以慰勉孙月峰，认为严惩自是应当，但就其效果而言并不是最好的方式，若说这是无过之中的过或可以成立，但弹劾者不能因小过而否定他的卓识高才，更不能以贪功生事、纵下虐民来刻意诬毁他，说这只是弹劾他的人刻意中伤而已。

吕坤与孙月峰在书信中讨论有关《易》学注疏及当时学风，更多地探讨了当时政体的得失与救治之道。吕坤指出当时政治上的弊病在于两个字：一是置秉公持正于不顾，趋炎附势，以权谋私，上下衙门之间结大小官吏之欢，这称为"私"；一是互相欺罔，弥缝搪塞，将一生精力用在应酬世态，弃攸关国民利病实政于不闻，这称为"伪"。吕坤具体批评了皇帝沽名钓誉、好大喜功，臣下荒怠职业而无远虑、重虚文宠利而弃实务等弊病，进而提出了健全政体建设、加强监督以及严明法治、整肃风纪等针对性救治方略。信中吕坤言及若孙月峰路过他处能有相聚之时，"不说一句闲话，只将社稷苍生促膝一一，三日三夜叨叨说不尽"。

吕坤视孙月峰为志同道合的知己，一直以愤世嫉俗之言与他谈医人医国之术。吕坤在信中哀叹当时的天灾、地祸、人害使人民遭受的疾苦，痛批当时的统治者们贪残横肆，再次直言不讳天下形势：民心如实炮，捻一点而烈焰震天；国势如溃瓜，手一动而流液满地。吕坤警告当时的统治者们，长此以往，一旦有民变，天下还有否坚城可守，宇内还有否足兵足食可依凭？！

吕坤对当时的政治发展形势确实有着清醒的认识和预见，他与他引为同道的"同志"们尽管心怀医人医国之淑世情怀和所谓的救治之道，但多不能被当朝所容，因而也不能久在其位发挥相应的作用。当然，明王朝的命运终究免却不了重蹈中国历史的怪圈，个中有其多方面的深层原因，并非一二贤君、能臣所能左右。

晚年著述

略览吕坤晚年乡居的二十余年，确实可谓之"身在江湖，心忧社稷"。他一生二十余年在仕途政坛，但不负"伊尹之志"；乡居淡泊、宁静，更进"颜子之学"。《明史》说他居家之日，与后进讲习，所著述多出新意，此处略作介绍。

《交泰韵》是一部音韵学著作，成书于万历三十一年，时年吕坤六十八岁。《痘科》是一部医学论著，刊刻于万历三十三年，时年吕坤七十岁。《〈阴符经〉注》是一部哲学著作，成书于万历三十七年，时年吕坤七十四岁。该著宗旨在于打破门户之见，融通百家，体现了吕坤"我只是我"的一家之言的独立治学精神。《家乐解》是一部有关音乐和美学思想的论著，成书于万历三十九年，时年吕坤七十六岁。该著主旨在谈乐教的社会道德教化功用及其价值。《四礼疑》是一部伦理学著作，成书于万历四十年，时年吕坤七十七岁。该书旨在论礼教要本乎人情，批判了当时礼教的繁复、虚伪弊端，并对朱熹的《家礼》提出了商榷意见。《去伪斋文集》是吕坤的文集汇编，也是研究其思想的重要资料，刊刻于万历四十四年，时年吕坤八十一岁，同乡人王印序文称，"先生学务笃实，耻自欺欺人，故以去伪名斋"。

吕坤一生笃实无欺，敬以其《男儿八景》一诗再抒其怀：

泰山乔岳之身，海阔天空之腹，
和风甘雨之色，日照月临之目。
旋转乾坤之手，磐石砥柱之足，
临深履薄之心，玉洁冰清之骨。

第 4 章

哲学、伦理学思想

　　吕坤的哲学、伦理学思想是明王朝中后期特定社会条件下的产物。那是一个正处转型之际的时代，吕坤虽非明中后期讲学盛行中人，也无师承授受，但他视野开阔，胸襟豁达，既能勤学独思、学有所宗，又能兼容并蓄、求是批判，由此形成了他富有个性特色的哲学、伦理学理论。

一气流行　道本自然

　　理气关系，是中国古典哲学中的一个基本问题，是关系宋明理学体系中哲学思想趋向的核心范畴，也是自宋儒以来诠释宇宙万物的生成图式和引人成圣的理想，以及体悟"万物一体""天人合一"的人生价值境界的重要范畴。这对范畴讨论所涉及的是关于天地万物之本原、人之为人之本根性的问题，关系的是人对宇宙生成、人伦本性的根本看法，是人们对人本身和所处时间空间的基本认识。

理学的本体认识

张载（1020—1077）特别强调"气"，提出宇宙本原是气的"气本论"思想。他认为"气"是一种原始混沌的质料，是宇宙万物的本原；"气"有阳性的浮、升、动，阴性的沉、降、静，整个宇宙处于无始无终、不息不休的矛盾和矛盾的统一流行过程中，也就是所谓的"道"即"理"。因此，气的或聚或散决定着万物的生成毁灭，但是"气"本身是恒常的，是宇宙、万物的本体。"民，吾同胞；物，吾与也"，世人和万物都是一体，从而给予人的德行施为超越性的价值。

朱熹（1133—1200）则强调"理"，认为一切事物，不论是自然的还是人为的，都有其所以然的理，也就是说，在具体事物存在之前，这些事物之所以如此存在的理便已存在了。这是一种"理本论"的哲学观，"理"是事物存在可能性的终极标准，因而必然有一个至高的、无所不包的宇宙终极标准，即太极。朱熹说："事事物物，皆有个极，是道理极致。总天地万物之理，便是太极。"朱熹认为，太极不仅是宇宙万有的根本，而且还内在于每类事物的每个个体之中，如月印万川，是一和万的统一，而不是一之外另有个一，这样朱熹就在外部物质世界之上建立了一个永恒的、统一而又多样化的理世界。当然，他也认为"形而上者，无形无影是此理；形而下者，有情有状是此器"，在抽象的理世界之外还有这个具体的现实的物质世界。朱熹说："天地之间，有理有气。理也者，形而上之道也，生物之本也；气也者，形而下之器也，生物之具也。"理气的关系是，理在其中，任何一事物的生成毁灭都是气的聚散所致，但这个事物的生成毁灭不是气的一般性的聚散，而是按照这类事物的理的模式进行的，这就是为什么强调理在逻辑上先于气存在，并发挥着决定性的作用。朱熹强调理的优先性，在于从宇宙本体论上而言，理是永恒的、最高的、终极的标准。而理气统一的关系，在于从宇宙生成论的角度来看，有什么理就有什么气，不是理生成气，而是理决定了气生成这个世界的样式。理居上而不动，却是万物的推动者。就人而言，人是禀受气而后生的，人之类的理是共同的，但每个人的个性不同是因为所禀受的气不同。朱熹赞同、详述了程颐"性即理"的观点，以及张载对"天地之性"和"气质之性"的区别，从而为人性善和人性恶立论、辩说。

陆九渊（1139—1193）提出"宇宙便是吾心，吾心便是宇宙"的"心即理"的"心本论"思想，认为现实的世界仅包含在心的世界里，而没有一个外在抽象的理世界，人只有"先立乎其大"方可去"匡正"事事物物。

继陆九渊之后，王阳明（1472—1528）所认识的宇宙是一个自足的精神实体，这个精神实体构成了我们经验中的现实世界，人心是这个宇宙、世界的主宰，人心只是个灵明，这个灵明充塞天地之间，人只是局限于自我的形体认识而自我间隔了与这个世界、宇宙的贯通，实际上，这个宇宙、世界只是一气流通，从未有什么间隔。因此，王阳明认同"心即理"之说，认为天下没有心外之事，也无心外之理。这个理就是人至善之性，也就是人心的本体，故王阳明称之为"良知"。"致良知"成为王阳明哲学的核心理论理念，也是他哲学的核心实践理念。"致良知"是人之为人的道德伦理的"绝对命令"，并在人们处理日常事务的经验和匡正自己事务的行动实践中得以扩充和延展。王阳明之学激活了人主体意识的理念，"使天下之人皆知自致其良知"，如此，身心得以修养、家族得以和睦、国家得以治理、天下得以太平。这不是一项单纯的道德或伦理上的精神启蒙，而是有着远大社会责任意识的思想实践。

吕坤谈气论理

吕坤的哲学、伦理学思想的理性主义精神旨归于强烈的实用主义。他的理气论对前人多有吸收，也有一些卓越的见解，但存在着深刻的内在矛盾。吕坤的理气论有气本论和理本论二元并存的倾向，但基本上是基于气本论而弥合宋儒以来理气二分的学术分歧，这在思想体系的构建上是不彻底的，实际上也是吕坤个人在社会现实中的"学颜子之学、志伊尹之志"的道德境界修为和现实事功思想矛盾在理论上的反映。

吕坤认为"气"是宇宙的本原，是最高的物质实体，这表明吕坤认为世界的本原是物质的一元实体，尽管万事万物千差万别，但归根到底其本质属性都是物质性的元气，气本质上是恒常永存而运动不息的，运动的绝对性是这个物质世界的根本特征。他认为，恒常永存，是说气有聚散而无毁灭，万物的生成毁灭仅是气从一种物质形态转向了另一种物质形态，具体的形器有其毁灭的道理，但气没有终尽的时候；运动不息，是说气化流行不息的绝对性是天地万物虽生灭转化，但却赖以长存不绝的根本，同时也是天地万物之所以具有无限多样性的根本。

他认为，气是世界的本原，气化流行不息，但气化万物、运动不息不是无规可循、杂乱无章的，而是有着对立统一的规律，即理，理是气的规律。"气即理。理者，气之自然者也。"自然，就是这个客观世界和万事万物自然而然处于消长变化中的必然趋势，是这个客观世界运行的普遍规律。这个自然的普遍规律是物质实体按其对立统一运动发展的过程，"阳盛则胜阴，阴盛则胜阳，自然之势也……相胜，则寒往暑来，相推而变化顺矣"。吕坤反对将理气割裂开来的看法，否定了在客观的物质世界之上之外还另存一个理的世界：理在气中，理是气生物成物的所以然；道寓于器，道是器成象成形的所以然。如此看来，"理"或"道"的存在，仅是这个客观物质世界或无限多样物质形态内部所以然的规律，是物质元气的属性。

吕坤主张"气本论"，认为理是气自身运行变化的属性或规律。基于此，他描述了一个直观的、朴素的、"道本自然"的气化而成物质世界的生成模式和运行图式：天地是积气所成，气分阴阳，阳气清而上扬为天，阴气浊而下沉结为地，居中央，是万物得以萌生成长的物质实体；月是阴气的凝聚，日是阳气的凝聚，月是纯阴之物，月光是因太阳光的反射而得的；人和万物之所以千差万别，有着不同的类别性和差异性，就在于气有阴阳之分，阴阳二气相应有自外而内、自内而外一吸一呼式的相反相成的运行规律。此外气还有清浊、纯杂、常变等不同的种类和属性，并且不外于火、水、木、金、土五行而相互作用，才造成了万物的差异。这个宇宙间的运动变化，也只是在元气自身"道本自然"运行规律起作用下而一气流行不息，并不是因为有外在的天理，抑或上帝、神之类的主宰，一切都是物质实体按其自身的所以然规律在运行。吕坤还指出了这个物质世界运行的永恒性和具体物质实体变化的短暂性，也就是气化永不停息，具有永恒性，而形化则有生成毁灭、形态转化的特点。但形气二者是统一的，形是气的用，气是形的体，无形则这个宇宙就只是个万古一气而已，也就不可能有如此千姿百态、丰富多样化的物质世界了。

吕坤另一方面也沿袭了程朱理学中"理本论"的思想观点，凸显了"理"对这个物质的经验世界之所以如此存在和发展的决定性力量。他承认有一个先验性的理性的世界存在，但这个先验的理性世界并不是在一气流行的宇宙界之外，而是这个客观物质世界大化流行的自然之则（理或道），在逻辑上相对于气化流行的客观物质世界是先天的、抽象的存在。儒学的传统学术基本趋向是"成德之教"，学旨旨归重在诚己修身推延的道德伦理的教化，不重于客观自然世界的知识性探究，因而对宇宙生成论和本体论的探究终归落实于人之为人的"内圣"学术诉求和得"道"而行"外王"的事功践履。吕坤基于"气本论"的宇宙本原说和世界运行图式的理论探索和认识,学术指向也落实在"内圣外王"的成德、事功的理性主义之于实用主义的价值诉求。

吕坤明确提出,"明于恒之道,而后可以语体道之学"。所谓"恒",有多重含义:一是指作为宇宙本原的"气"是永恒长存的,永不毁灭的物质性实体;二是指这个物质世界运动的绝对性,即气化流行是永恒的,一刻不停息;三是指"无恒之恒",即相对于一气流行的绝对性而言,其具体形式则是多样化的并且相互转化,这种转化是永恒地进行着的,譬如万物有成有毁,但转化不息,用吕坤自己的话来说就是"若恒而无无恒者以通之,非恒道也",这就具有一定的运动守恒性意识了。进而,吕坤认为人心常思恒虑而无息无止,与身始终而有恒心。他指出世有三恒:天地恒、万物恒、圣人恒,除此之外则没有恒常可言了。经由宇宙生成论而入本体论,由物质界而入精神界,吕坤提出有两种天:有理道之天,有气数之天,禀赋于人,则有义理之性,有气质之性。所谓理道之天是指一气混沌流行之时,尚未落于阴阳五行气分化之前的自然之则,这是纯善无恶的先天;所谓气数之天是指落于阴阳五行气化之后而成的大千世界,这是有善有恶的后天。但二天都出于"太极","太极不分而为阴阳,不散而为五行"。"太极"就是宇宙的本体,即"气",

就其具体形式而言为阴阳五行的物质实体。气一分殊而理一分殊，就一而言，道（理）本自然；就分而言，"诚"就是理，诚是实理、实则。何谓"诚"？用吕坤的话来说，乾坤之所以恒，高山大川之所以凝，日月江河之所以行，万物之所以生，鬼神之所以灵，天下国家之所以宁，万事之所以成，都取决于"诚"。所谓"诚"，就是实理，实有这个理，就实有这个气；实有这个理，就实有这个事。诚是气化大千世界流行转化不息的实理实则，"诚"是理一分殊的总谓，"诚一"则"一理"，就是一气流行的自然之理，也就是先天之理。他认为，尽管这个先验的理性世界在经验世界里发挥着"所以然"的决定作用，但并没有独立而外在于这个客观物质的世界，"肩天下之任者，全要个气；御天下之气者，全要个理"。理或者诚，在这个客观的经验世界发挥决定作用的时候，并不是一种外在于气的异己力量，而是气化流行的本然之则。尽管从道德伦理的修养论来看，吕坤秉承程朱之学而重视"理"的至上性，但他并不是一个二元论者，而是将自然之理引入道德伦理之域，也就是"明于恒之道，而后可以语体道之学"，并在这个意义上肯定了理（或道）的至上性和第一等地位。因为相对于德、功、名而言，道是一气流行的自然而然、无所为而为，而追求天人合一、万物一体与自然大化从游本来就是儒家所追求的最高人格理想之境。

心性不二　理欲合一

　　吕坤通过理气关系的论证和阐释，力图从宇宙本体的高度，即用"天理"肯定封建道德的永恒性，并把这种封建伦理道德移植于人的"心""性"中。他还从天理、人欲的对立统一关系中，重视人欲的现实性和重要性，在一定范围内为新的伦理观念，特别是一些涉及维护妇女权益的新道德观念，起到了一定的启示作用，值得批判继承。但应该注意到，他的重点仍在于阐释以理节欲，强调道德伦理对人行为的约束力和对人修养的主导性，及其以"成圣成贤"为理想人格目标，以"内圣外王"为人生价值诉求和对"万物一体""天人合一"人格精神境界的追求。

天道不外人心

　　心性论讨论的核心是"人之为人""人是什么"的问题，这是宋明以来理学思想理论的基础，自然也是吕坤道德伦理思想的主体部分。吕坤具体探讨了人作为一个理性的、具有道德伦理性的主体性存在，其道德性命的来源问题，人的本性是善是恶的问题，以及人之为人即存在的自我价值等问题。

　　吕坤认为儒家学说最核心的主题就是讲"心"，从事学问最重要的事就是"事心"。"心"这一概念或者说"事心"这一学问为什么这么重要？"心"究竟为何物？先看吕坤自己的言论：

　　　　万理具于心。

　　　　大其心，容天下之物；虚其心，受天下之善；平其心，论天下之事；潜其心，观天下之理；定其心，应天下之变。

　　　　心一松散，万事不可收拾；心一疏忽，万事不入耳目；心一执着，万事不得自然。

　　如此看来，"心"是人之为人并存在的精神性主体，它是人的灵知、精神和最高理性。所以"事心"是学问的根本，如果不认识、不了解这个"心"，不能很好地把握和理会"事心"之事，势必导致人的"主体性"的迷失，也就无法认识人本身，更谈不上去认识这个世界。故"心"这一主体性的存在，也是人之所以别于动物的根本性标志。

　　吕坤将人的这一精神主体性的"心"，从两个方面给予了说明。一则"心"是人认知能力的主体，是人之所以具有感觉、知觉、思虑等认识功能，并能够表现为逻辑思维的概念和推理，去认识客观事物及其联系和规律等的认知主体，

"心"蕴含着认知理性。二则"心"是人道德本性的主体，"良知"或称为"义理之心"，是"心"本身所蕴含的，也就是说心中自有道德理性的存在。

这就涉及人的道德本性善恶的问题。吕坤认为作为道德主体的"心"并不是纯善无恶的，而是善恶相混的。从理气合一的哲学观来看，吕坤认为理气混沌未分之时，自然而然的"理道之天"就是一气流行的规律，是先天的存在，这是唯一的、纯正的。吕坤对"先天之理"并不太关注，更多考察的是气化之后天、地、人、万物化生的"后天之理"。吕坤将之划分为中正之气、偏重之气、驳杂之气，相应的人得之则有为圣为贤、为愚为恶、为无知为平庸之分。当然，先天和后天只是逻辑上的区分，并不是彼此割裂的存在，理气合一而分殊，在人而言，其道德主体的"心"就有"道心"与"人心"的区分，人性则有"义理之性"和"气质之性"的划分。

吕坤认为道心是义理之性，人心是气质之性，但道心和人心不是截然不同的两个，道心和人心也无先后顺序之别。人是理气相结合的产物，义理之性和气质之性是人生而就具有的，也就是说人天生就具有诸如"良知"之类的道德理性，也有各种不同的感性冲动和物质欲求等；人不是一个纯粹道德理性的存在，在现实性上和本质上是有区别的，但并不存在着不可调和的矛盾。也正是在这个意义上，孔子说"继之者善也，成之者性也"；子思说"'修道之谓教'，性，皆善矣，道胡可修"；孟子也说"动心忍性，性善岂可忍乎""声色、臭味、安佚，性也"。因此，吕坤认为道心是人的道德理性，也即义理之性，是先验性的先天之理；人心是人的物质感性欲求，也即气质之性，是后天禀赋的后天之理。"存天理，去人欲"是宋明以来儒家张扬的说法，尽管二者常常发生冲突和对立，但也是辩证统一的。道心与人心，义理之性与气质之性都是人生而具有的，在逻辑上可以区分先后、内外，但事实上并无先后、内外之分，道心杂于人心之中，义理之性杂于气质之性中，不能离开人心另觅求一个道心，也不能离开气质之性而空谈义理之性，气外无理，理是气所以然的规律。也就是说，人的道德理性包含在人的物质感性欲求之中，是不能离开人的感性欲求而独立存在的。在吕坤看来，从人存在的本质上讲，人人都可以成为圣人，义理之性或"道心"是人人都具有的；但从现实的人来讲，气质之性或"人心"才是现实存在的人的人性。圣人是最高的人格理想，是每个人变化气质、涵养德性而自强不息追求的目标，但现实人性的表现却是多样化的，二者有区别但并不是割裂的。"勿以善小而不为，勿以恶小而为之"，善恶是现实，是人性的共相，善恶之间的转化就在于人的后天作为。吕坤指出，义理之性是唯一的（一），气质之性是多样化的（万）；但人禀气之初，与善恶不甚相远，即使人有作恶的潜能，也并不会立即就表现出恶。也就是说在人生之初，处在善与恶之间，善与恶之间相去不是很远，善恶之间的分化，是受到了后天现实环境的熏习和影响，譬如一恶人为不善，但他起初的德行与圣人的并不远。

　　试问人的气质之性为什么会多样化，人性为什么会有善恶之别？首先，吕坤从宇宙生成论的角度给予了解释，认为先天之理是纯正自然的、唯一的，但在后天的气化过程中出现了善恶同源而异流的现象：一阴一阳，纯粹中和而有中正之气；孤阴孤阳，过犹不及而有偏重之气；多阴多阳、少阴少阳、不阴不阳，或阴阳杂糅不分而有驳杂之气。因而，就人而言，由于禀受的气不同而有不同的气质之性的人。也就是说，之所以出现善恶的区别，就在于气质之性出现了"异化"。吕坤指出了人性的本质和异化的关系，"比一根之枝，本同末异；一派之流，源同流别。至于相远，则舜跖之分，五十步、百步以至百里、千万里之殊也"。他认为人之所以在德性上有善恶，在知性上有智庸的区别，都是受到了在"气禀"过程中的"异化"的影响。义理之性是先天之理本身，是纯粹至善，是人之为人先天具有的本质属性；气质之性则是人生过程中的现实性属性，是后天的，但与人的物欲相联系，自然就会有善恶的区别，譬如明珠落水中，水清则通彻透明，水浊则昏暗晦涩。他说，人是理气相结合的产物：人性善，是因为先天具备了纯粹至善的德性，也就是仁、义、礼、智、信，表现为恻隐、羞恶、辞让、是非之心；人性恶，是因为物欲从气质中来，气质之性是与人的食色及其金钱、地位、财富的物质欲望相联系的，由于气质之性的偏差，自然出现为善为恶的不同。因此，人性只是一个，义理之性在气质之性中，善恶同源异流：说性善，从本质上言，说性恶，从现实上言，不能因为气质之性而误乱义理之性，也不能因为义理之性而弃置气质之性。

吕坤在坚持"义理之性"与"气质之性"有别而不可分的同时，更加强调"气质之性"的重要性。吕坤反对只以"性善"来谈人性，他说"善是性，性未必是善"，秤锤是铁，但铁不是秤锤。因此，吕坤主张"气质之性"也是人性本有的，认为义理固然是天赋，但气质也不是人为的，这与生俱来的义理、气质之性才是全副的人性。对气质之性的强调，反映了吕坤对后天学习和道德伦理上的自我修养和践履的重视。从这个角度上看，吕坤的人性论更重视在学习和道德修养上持之以恒的实践性，具有一种自强不息的求真务实的精神，具有相当的现实价值和可批判继承的积极意义。

心性论是孔孟以来儒家学说的理论传统。吕坤的心性论从宇宙本体论的高度将人的伦理主体性提到了一个新的高度，凸显了人在道德伦理上的主体性意识，也就是把社会的伦理道德内在化为主体的自我意识和自我存在。吕坤在对人之为人的这一主体性的内在规定中，既充分肯定了人的道德本体或道德理性，也极大程度地张扬了人性中应有的自然物欲等现实本性。也就是在肯定现实人性的客观性的同时，提出了在本质上对人性的回归，这种对人性的建构蕴含了相当程度的合理成分。当然，我们也应该看到，吕坤的心性主体性学说在本质上仍是基于道德伦理的形上论，最终的旨归仍在于先验人性的道德论，其目标是为封建道德先天必然存在于或后天当然存在于人的本性之中、人心所固有的"良知""良能"来进行论证的。但从人是自己历史活动的产物，是社会存在和社会关系的产物的理论角度来看，吕坤的人性论缺乏相当程度的历史、社会观内容，也具有一定无法超越的也是那个时代的他所不能超越的局限性。

天理寓于人欲

吕坤的理欲关系问题主要探讨的是"天理"与"人欲"之间的关系，即是关于道德理性、道德规范和物质欲望、物质利益之间的关系的问题。

吕坤的理欲关系论在理论上并没有超越程朱理学的理论

窠臼。朱熹在谈到理欲关系时，大致也包括对立与统一两个方面。朱熹认为人心仅有一个，所谓的道心、人心之说其实只是一个物事，是同一思维主体的不同思想内容："道心"是合于道德原则的知觉，指道德意识；"人心"是专以个人情欲为内容的知觉，指感性欲念。即是说，从思维主体唯一性上言，人心、道心都是人的知觉之心，心是一，但却有"人心惟危，道心惟微"之别。朱熹认为人心、道心都是神明不测的知觉之心，如果知觉合乎义理便是道心、天理了；人心被称为人的情欲或者私欲，其中包含着人生存必要的、合理的条件，不全是恶，但人心也有着不受道心控制、可能造成危害的潜能，若以道心为主宰，则人心也可以化为道心。从实际来看，人的内心确实常常交织着感性欲念与道德观念，甚至道德意识与非道德意识的冲突，因而，道德活动的基本特征或者当然趋向就是用"道心"去裁制或评判"人心"。在这种意义上朱熹认为圣人千言万语教诲的只是一个道理，即"存天理，去人欲"，但是并不是要在"道心"的主宰下去除人的一切情欲，而是要达到人心和道心、天理和人欲合二为一。这种天理、人欲合一，实际上就是要以人的良知、以人在社会生活中形成的稳定道德观念制约情欲，以理节欲、以理节情，从而既能提高个体道德自觉以培养理想人格，又能起到维护当时社会的等级秩序和价值体系。任何一种思想理论都烙刻着深深的时代印记，朱熹的天理人欲对立中的统一思想，凸显了人的道德主体性，而尽量限制了人的利益性诉求，也就是用道德理性克制、压抑人的自然欲求和愿望，将个人的权益降到最低程度以服从社会的统一性要求。

吕坤承继了程朱理学的思想，在理欲关系问题上既有很大程度的守成，但也有一定的新意。针对"天理""人欲"而言，吕坤认为"天理"是先天地存有于人这一主体中的先验的道德理性，也就是所谓的仁、义、礼、智、信，表现出来的就是恻隐、羞恶、辞让、是非之心；"人欲"就是人经验的物质感性欲求，包括人对食色、地位、名利、财富等的过度追求。

吕坤强调了以道德理性为"天理"的主体在道德行为上的"自律"，诚如他所说，"理所当为，则自强不息。所不当为，则坚忍不行"，认为"天理"就是人之为人的主体自身中存在的一种无条件的、强制性的、必须服从的"道德律令"。相对于外在的法律条令而言，吕坤强调的是"理"大于、高于"法"，凸显了人的道德行为是基于道德良知的自我修为和自我约束，"吾心是上帝"，良知（道德理性）是最高的、终极的价值裁判者。同时，吕坤反复阐释了"人心""人欲"的重要性。他认为耳目口鼻的欲望，也就是说对食色、财富、名利等的欲求都是人心本有的属性，如果抛开、摒弃"人心""人欲"的正当的、合理的需求，从根本上也就背离了"道心""天理"。吕坤对人心、人欲的基本态度是"持中"，批判"不及"就是要充分满足、肯定人的正当需求，反对"过度"就是将人的欲求控制在封建伦理道德规范所允许的范围之内。吕坤批判了佛道二教的绝情去智、出世离伦，认为理欲的统一与协调是儒学与佛道二教相区别的关键。吕坤指出道心和人心出自一心，天理和人欲同行异情，不能将二者割裂开来，要在人欲中见得天理，在天理中见得人欲，天理和人欲同行而异情，也就是意味着二者在统一中存在着对立，是一对矛盾性的结合体，天理与人欲之间存在着孰多孰少、彼强此弱的冲突。吕坤理欲观的宗旨也在于"以道心摄人心，化有欲为无欲"，通过以理节欲，以理节情提升个体的道德修养和维护社会的伦理秩序和价值体系。

吕坤的理欲观是其理气哲学观在伦理学上的具体体现，他认为的"天理"并不是一个悬置于外的独存的理念而是人主体本有的，凸显了人在道德意识上的自觉性和主体性。另一方面，吕坤重视理欲的统一和协调，重视在人欲中体认天理，允分肯定了人的正当欲求，这在他以民为本、体恤民生的施政行为以及对女性新道德观念的阐释中都有鲜明的体现。毋庸置疑，这些观念在思想史上都具有一定的启蒙意义。

内外兼修　真知力行

吕坤的理气合一、心性不二以及理欲统一的诠释为我们描述了一个直观的、朴素的、有理有则的客观物质世界的生成和运行图式，以及经由此贯通并转向人道伦理学之心性论和理欲论的本体论建构。吕坤的格物论、主静观和知行观则主要阐述了他的认识论问题，也就是探讨了主体对个体的认识过程，以及人的修养论问题，二者在理气合一、心性不二的本体论框架内也是统一的。

吕坤在认识论上存在着反映论和先验论的调和，当面对经验的客观世界时，他坚持向外格物穷理，经由感性认识、理性认识而致知，这是反映论的认识进路；当面对身心修养和道德伦理教化时，他主张反身内求而反对受外在事物、知识的障蔽，这是先验论的认识进路。但儒学是以"内圣外王"为宗旨的"成德之教"，并不重视对纯粹自然科学知识的探究，吕坤为学的追求也是对这一理想人格传统的完善和再造，他以"尧舜事功、孔孟学术"作为终身急务，这就是所谓的"体道"之学，反映在他"体道"的认识论和修养论上，就是对反映论和先验论的调和，既注重反身内求、正心诚己，又注重向外格物、即事穷理。吕坤的认识论和修养论是统一的，体现在修养论上其为学的功夫是兼内外、合上下。克己复礼，外靖则内安；反身而诚，内正则外治。

"格物"以穷理

吕坤主张，"真积力久苦工夫，只为格物于万物"。向外格物穷理，就是指对宇宙之理和客观具体的事事物物规律的观察认识和理解把握。吕坤指出天道隐微，难以窥测，但四时运行，万物生息，就是天道的具体体现，只要通过仔细考察四时、万物的运行、生息规律，就能体会到天道，由可知推演不可知。吕坤在认识客观世界的方法上坚持了反映论的方法，重视客观的考察和感性经验的见闻之知，"到一地步，自见一步光景；尝一果看，自觉果看滋味"，认为对外在世界亲力亲为的闻见之知是获得正确认识的出发点，反对一悟百悟、一了百了的神秘主义认识途径。同时，吕坤也很重视理性思维对获得知识的重要性，认识到客观事物之间存在着内在的必然联系，由此推彼，通过逻辑推理的理性思维方式，由认识具体事物可以推及一般事物，由认识事物部分可以达到对事物整体的认识。诚如吕坤所言，"观一叶而知树之死生，观一面而知人之病否，观一言而知识之是非，观一事而知心之邪正"。客观的感性认识和主观的理性推研是相辅相成的，是获得正确认识的重要途径。吕坤还指出，在认识事物的过程中必须要坚持客观第一性，理在气中，理幽微难测，而从可知之事可以穷难测之理，即是人的主体"认识心"也要保持客观的认知态度，"悬虚明"不带有成见，不带着先入的主观偏见去认识事物，否则"心中有物，则视万物皆妄见也"。他强调在认识活动中要"毋意、毋必、毋固、毋我"，杜绝私意固见，从各种"意见障碍"中解脱出来，否则即使辛劳终身也一无所见，不能获得对客观事物的正确认识。正是基于这种从客观事实和客观认知态度出发的认识论，吕坤批判了先验论的"生而知之"的观点。吕坤认为道理可以用心体悟而获得，但客观具体的事事物物却很难以心来体悟、认识；道理有其普遍性而能一以贯之，但事事物物之间属类互异难以贯通。基于理气合一、心性不二的本体论证，吕坤指出不能离开气质谈义理，气质清明则义理昭著；不能离身谈道，身和道合一则仁义行。因而，吕坤认为，即使在人道伦理和道德修养的体悟上超越于常人，在认识外在世界上也必须通过经验见闻和后天的学习才能获得对于客观事物的正确知识，即使是圣人也不可能生而知之，倘若圣人一生未见泰山，又怎能描绘出泰山的景象？他认为，人生有涯而知无涯，对客观世界的认识是一个无限延展的过程，一生都难以穷尽，好学的人终身好古敏求、发愤忘食，致力于读书体会、涉世历练。

"主静"以修身

为学指向由客观物质世界转向精神世界，由大化流行的自然之则转向人伦道德的当然之理的时候，吕坤在格物论中又很重视对内向穷理、反省体悟的先验道德论的论述。这里吕坤将格物之"物"训释为"至善"，格就是"知止"，那么格物就是"知止止于至善"，至善的"物"就是先验的道德本体，也就是先天存在于人主体之内的纯善无恶的天理。因而认识的主要目的，即格物穷理的主要目的就在于去发现主体中纯善的性理，也就是所谓的"大学之道，在明明德，在亲民，在止于至善"，在于认识主体内在的先验的道德本体。从吕坤的哲学本体论上来看，有先天纯粹的自然之理，在气化阴阳五行之先，并且是主宰阴阳五行气化流行的普遍性规律，但在人而言，这个理浑然在人身中，也就是所谓的恻隐、羞恶、辞让、是非之心，仁与物浑然同体，格物就是认识人心本仁的这个理。吕坤认为学问是以澄心为大根本，也就是以认识本心至善为旨归。因而，为学第一功夫就是降服人心的浮躁而使之气定神闲，归根到底就是以"静"字为要诀。所以格物的过程就是反身内求，如此则"尽其心者，知其性也。知其性，则知天矣。尽心便是致知，知性便是格物"。格物致知的对象，即认识的对象"天理"就存在于主体的"心性"之中，因而吕坤强调"万物皆备于我，物之本体也。反身而诚，物格之实也"。先验的天理居于人心性之中，格物就是要存心，其主要的方式就是主静澄心，强调的是一种察识体验的方法。物格，也就是真悟到纯善无恶之天理，就能达到穷神知化的境地，就可以达到无为无不为、从心所欲不逾矩的理想道德境界。

既然物格就是止于至善，那么如何格？也就是格物的功夫即方法是什么呢？吕坤解释"格"为"知止"，实际上就是"择善"。吕坤认为格物和择善是统一的，择一善而能铭记在心，衷心信奉就是格物。他指出博学、审问、慎思、明辨，都是格物，是道问学；致知、诚正、修齐、治平，都是择善，是尊德性。"君子尊德性而道问学"，下学上达，除了善，更无一物；除了择善，更无别的格物功夫。在儒家而言，致力于儒学的"内圣外王"的为学道义理想的诉求，吕坤的认识论中的反映论和先验论是统一的，因为他所持奉的认识论和修养论是统一的。

前面分别述及吕坤在认识论上的内外格物路径，但二者的统一在其理论中又是如何被具体阐述的呢？吕坤指出，"道具于人心，散于事物，行于日用。不日用，非道也；离事物，非道也；不合于天下万世公共之人心，非道也"。从这个意义上来看，人伦万物都是性理之天的流布，日用常行皆是性理之天的张弛，舍弃然而求其所以然，舍可知而探不可知就是认识上的割裂。因此，吕坤在道德主体的认识路径上主张敬义夹持、内外兼修、向外格物穷理和向内反身体悟为一体功夫。吕坤将这种内外功夫合一的形态概括为"持中""居敬"。所谓中，就是指五常、百行、万善都遵循其当然的规律、规则，而各得其所，无过无不及；所谓持中，不仅指先验的理道之天要当然如此，就是经验的气数之天也要于对立中求得统一，各安其所。从修养论来讲，道心虽属先验但非孤立独存，而是杂于人心之中，持中就如披沙拣金而后得，中即至善道心。所谓敬，就是不苟，指心态的严肃庄重，也指为事的认真细致；所谓居敬，就是要戒慎恐惧，主一无适，小心昭事，所强调的是人在本心、意念、行事上都须一丝不苟，不可懈怠，要集中精力、专一心念，有所谓"如履薄冰，如临深渊"的谨慎心、警惕感，才能做到"居敬"。

吕坤从"持中""居敬"两个方面阐述了他的修养论基于认识论的两种路径的统一性。从道心寓于人心角度来看，这与对"心"的两种相反相辅形态的阐述也是对应的：心要虚又要实，无物称为虚，就是无上下内外、浅深精粗之别而顺其自然、当然，也就是持中；无妄称为实，就是既能至真至诚、自心本然，又能一丝不苟、谨心从事，也就是居敬。

儒学宗旨归于求仁为圣，存心是其为学的根本，主静是存心的第一功夫、要法，持中、居敬就是主静，就是为了存心。因而，吕坤所强调和重视的为学以存心为根本、主静为第一要法，看似极为重视直向内心的直觉体验、体悟，但并不是提倡一种神秘性的顿悟，更不是一了百了、一悟百悟。关于这一点，我们能从他对主静方法论的阐释中得到确证。吕坤肯定了"静"的重要地位，认为它是"万理之橐龠（tuóyuè），万化之枢纽"，就是说"静"囊括万理，虽虚静无为，但又是事物联系和变化的关键。从修养论角度来讲，吕坤强调的"主静"是保持主体"心性"的一种虚实相宜、无物无妄的"中、敬"状态，强调的是在神定、气闲、意正的状态下，心中自然存有一种自强不息的精神。这种静，不是缄默无语、昏昏欲睡的静坐，更不是佛氏流于精神枯寂、归空的静坐打禅，而是寂而不灭，往而不尽，在穷神变化中无分毫增减，即穷变通久的"定"势。吕坤在求仁体道的为学进路上，提倡存心体悟，但他的"主静"功夫不是静态的顿悟，而是动态的、内外兼修的渐悟。吕坤一方面强调了"先立乎其大（大心）"，反身内省体悟天道、万物，但另一方面又强调要在日用常行中小其心（小心）而不破坏天下古今万事万物。因而，吕坤反对学者们把神化性命看得太玄，而把日用事物看得太粗，认为应该使"大心"与"小心"大小贯通，在内外相辅兼修的动态"主静"中体悟天道、万物及"万物一体"之理。所以，吕坤在讨论如何"主静"中既强调要居敬、持中以存心、治心，也强调要在日用常行中随时随事点检、省察，"克己复礼"而渐进提高自我的道德修养。

吕坤在人之为人的道德伦理修养论中，以体悟天道万物、求仁存理为宗旨，以"万物一体"为最高人格道德理想。他主张即事即物求理，但也认识到感觉经验的不真实性以及由之而形成的知识的不可靠性，尤其是间接经验和间接获得的知识。因而，吕坤也指出耳、目、鼻、口、四肢的感性经验是修身养性、体悟天道的障碍。这里吕坤一方面批驳了"五官"的感性经验容易受到声、形、情的障蔽而导致妄闻妄见，另一方面从为学以"仁"为核心、"天地万物一体"为宗旨角度批判了知识的局限性，认为知识与道德之间并不能画等号，因此就人之为人存在的最高主体性诉求上而言，就应该离物去知而归于天真、自然，虽从即事即物，经验感知上至知识理性，但最终须万理归一而不执意念于具体事物之上。从这个角度看，吕坤在肯定认知心性中所具有的先验的天理时，强调了在认知过程中要从主体出发，要以主体为主，不能受客观经验中的感觉偏误引诱，也不能受来自直接或间接的知识所限制，而要通过主体之心直观体悟。因此在人道伦理方面，他的认识径路更多倾向于先验的认识论。总体上看，这种偏颇不是吕坤认识论的主要方面，重要的还是在于尝试调和反映论和先验论，但这种调和理论是不成熟的。吕坤的认识论趋向也反映在吕坤对人的认识与实践关系问题的讨论中，即他的知行观。

真知力行

吕坤的知行观从总体上来说，侧重探讨的仍然是道德认识和道德实践的关系问题，属于人之为人的心性修养论的范畴，但从他的理论整体上来看，这也是他的认识与实践在认识论上的反映。

吕坤认为知和行在认识过程中既是两个有区别的环节，又是两个互相发明、互相促进的辩证环节，二者相互依赖、不可分离，这就是吕坤的知行合一论，但他反对当时阳明后学的知即行、知行不分的合一之说。吕坤认为"知是一双眼，行是一双脚"：行的功夫就一个字"笃"，强调要亲力亲为、一以贯之；知的功夫则千头万绪，有在一事上的体认，有对宇宙全体的体认，有倏忽之间的顿悟，有渐进积累的体悟。他认为，知和行虽然分属认识过程中的两端，但二者的功夫却是互相促进、互相发明的，"知一分，行一分，是明觉后躬行；行一分、知一分，是体验后解悟"。吕坤用"挑沟疏水"的比喻对知行二者之间互相依赖、不可分离的关系给予了精辟的说明，"譬之挑沟疏水，锹掘一尺，水跟一尺；锹掘一丈，水跟一丈。待其透达江河，自然不舍昼夜"。

吕坤批评了当时流于禅悟的空疏学术风气，认为"学问"二字本来就是从外面得来的。虽然学问的道理要靠主体本心的体会，但学问的事情涉及的都是古往今来的事事物物，这需要逐步渐进地去学习、探问，积少成多、融会贯通，然后才能使人心与天理浃洽畅快，倘若荒怠于考究事事物物，耻于下问，认为一切聪明、智慧都能出自本身，这不是什么真知实学。吕坤强调能行就算知，仅仅只有知算不得行。他鼓励人们要笃实力行，不要怕路有千万里、事有千万件，要勇于日日行、常常做。知，所行之知；行，所知之行。知和行二者在动态的认识过程中辩证地统一了起来。

吕坤指出，真正的认知只能来自切身的实践考究和体验。譬如"谈虎色变"一事，道听途说猛虎十分可怕，心有恐怖，其实并不能体会到那种真正的恐惧，关键是对这种恐惧没有认识，没这种认识是因为没有亲身体验过；倘若有过虎口脱险的经历，定会谈虎色变，战栗销魂，来不得半点勉强，这是因为见识过了猛虎的凶险，认识了这种恐惧。"如人饮水，冷暖自知。""到一地步，自见一步光景；尝一果肴，自觉果肴滋味。"吕坤特别强调亲力亲为的实践经验的重要性，认为可靠的知识和体验来自切身的实践躬行。而真知卓识对行具有指导作用，"下学工夫须知一寸，才行得一寸；知一尺，才行得一尺"，前有深渊、旁有虎狼，不知而行，后果可想而知；不辨南北、南辕北辙，纵使有千里马，也会愈行愈远。因此，知与行，是二而一，真知、力行在认识过程中是辩证统一的关系。

"道具于人心，散于事物，行于日用。不日用，非道也；离事物，非道也；不合于天下万世公共之人心，非道也。"从人之为人，人心之于道心的修养论这一最终道德理想旨归而言，知是知此，行是行此，也就是对天道性命的体悟，而知行的认识过程离不开对日用常行的亲身躬行，离不开对事事物物的考量探究。吕坤强调"下学是学其所达也，上达是达其所学也"，下学和上达的辩证统一关系归根到底也是在日用常行、事事物物的切身体验和认识中体悟那终极的道德价值。

当然也必须指出的是，吕坤所谓的知行合一主要是从伦理学的意义上来强调对道德的认知和对道德原则和规范的践履、实行。其主要内容就是通过下学点检省察、克己复礼，上达立乎其大、反身而诚的方式，内外兼修、敬义夹持，以达到变化气质、涵养德性的目的，最终的归宿就是"仁"，最高的道德理想境界就是"万物一体"。因而，对客观世界及其规律的科学认识并不是吕坤所谓"知"的主要内容，所谓的"行"也仅是强调个人的修身养性的实践，脱离了人的社会性以及人的社会历史发展领域。吕坤的知行观有主观见之于客观的思想意识，但这个倾向在于道德伦理领域，而不在主观世界之于客观世界以及改造这个客观世界的领域。历史发展的阶段性和时代的局限性在吕坤的思想里也有深刻反映，尽管吕坤学贵自得，也颇有新意，但并没有也不可能超越那个时代，故而思想也具有一定的时代局限性。

语体道之学　塑理想人格

吕坤的理气合一、心性不二、天理人欲协调与统一的哲学诠释，旨在"明于恒之道，而后可以语体道之学"。吕坤的内外兼修、知行合一的为学宗旨倾向于对个体的道德自觉意识的培养和社会伦理秩序以及价值体系的维护。这些理论的阐释体现了吕坤对"内圣外王"理想人格和价值的追求，也体现了对"天人合一""万物一体"理想人格境界的慕求。吕坤以"学颜子之学，志伊尹之志"为座右铭，也的确就是他终身在理论和实践中对人生的理想、价值和境界一以贯之的追求。

仁民爱物

"内圣外王"这一概念首见于《庄子》，但却是儒家学说的基本命题。孔子强调"为仁由己""克己复礼为仁"，从而达到"修己以安人""修己以安百姓"，这是"内圣外王"含义的发轫，如此，道德与政治统一，在政治上就能达到"为政以德，譬如北辰，居其所而众星共之"的效果。孟子、荀子从人伦、王制层面进一步阐发了这一思想，孟子指出"人伦之至也""王者之师也"；荀子指出"圣人者，尽伦者也；王也者，尽制者也；两尽者，足以为天下极矣"。宋明以来的新儒家都重视《大学》这一儒学文本，将"格物、致知、诚意、正心、修身、齐家、治国、平天下"视为实现儒家"内圣外王"理想下的大同世界的必由途径。这一过程就是将"圣人之道，入乎耳，存乎心，蕴之为德行，行之为事业"，就是经由"内圣"达至"外王"。将个人的修身与事功，以及道德与政治统一起来，也就是将个人的人格理想和价值统一起来，所冀望的理想境界就是"天下一家""万物一体"。这在张载仅二百五十余字言简意赅的《西铭》中得到了精辟的诠释，兹录如下：

> 乾称父，坤称母；予兹藐焉，乃混然中处。故

天地之塞，吾其体；天地之帅，吾其性。民，吾同胞；物，吾与也。

大君者，吾父母宗子，其大臣，宗子之家相也。尊高年，所以长其长。慈孤弱，所以幼其幼。圣其合德，贤其秀也。凡天下疲癃残疾，茕独鳏寡，皆吾兄弟之颠连而无告者也。

于时保之，子之翼也。乐且不忧，纯乎孝者也。违曰悖德，害仁曰贼。济恶者不才，其践形唯肖者也。

知化则善述其事，穷神则善继其志。不愧屋漏为无忝，存心养性为匪懈。恶旨酒，崇伯子之顾养。育英才，颍封人之赐类。不弛劳而厎豫，舜其功也。无所逃而待烹，申生其恭也。体其受而归全者，参乎！勇于从而顺令者，伯奇也！

富贵福泽，将厚吾之生也。贫贱忧戚，庸玉汝于成也。存，吾顺事；没，吾宁也。

张载寥寥百字蕴含着深邃的"宇宙意识"，张扬了个体的主体精神，表达了"天下一家""物我一体"的理想人格境界，彰显了儒学"仁民爱物"的核心价值理念。这既是儒学旨趣的精髓，也是儒者自强不息的人生价值诉求。

吕坤继承了张载"仁民爱物"这一理学旨趣，并且作了进一步翔实的发挥。吕坤从"天人合一""万物一体"的高度诠释了儒家"内圣外王"的理想人格精神和大同世界理想。吕坤认为"尧舜事功，孔孟学术"这八个字是任何一个有志之士必须践行的急务，也就是要通过艰难困苦、玉汝于成以修身成德的"内圣"，去建业立功成就尧舜式的"外王"事业。吕坤认为这二者不是割裂的，而是一个统一体，统一于"天人合一"的最高理念。吕坤说："以天地万物为一体，此是孔孟学术；使天下万物各得其所，此是尧舜事功。总来只是一个念头。"吕坤的所谓"万物一体"，就是强调要认识到天下国家、昆虫草木都是我身，和每一个个体的生息都是紧密联系着的；一个人只有在修养上达到了万物一体的认识高度和境界，才能与天下万物同喜乐悲戚，如见万物各得其所，则由然而喜，见万物各失其所，则悯然而戚。陆九渊说"宇宙即吾心，吾心即宇宙"，吕坤也认为"天地万物，原来只是一个身体，一个心肠"，人与人之间、人与天下万物之间必须打破自我、自私的藩篱，才能成就一个"大公无私"的大同世界，也就是要突破"我之子我怜之，邻人之子邻人怜之"的狭隘"小我"局限，推己及人以便达到"非我非邻人之子"都能得到互相抚育的"大我"境界。吕坤主张万物并育而不相害，即使对低等的生物也要知利避害，不能随意侵夺其生命，"蜂蛾也害饥寒，蝼蚁都知疼痛。

谁不怕死求活，休要杀生害命"。

吕坤的理想人格就是"圣贤"，就是要去除私欲追求大公无私的圣贤气象，因为圣贤是天理或德性的化身，他们因理以思，顺理以行，所思所为都是符合德性的；圣贤"致广大而尽精微，极高明而道中庸"，既能超脱于世俗体认玄远精微的万物一体之理，又能置身于世俗人伦日用的现实生活之中去改造这个社会；既具有超拔玄远、浑厚充盈的精神境界，又具有积极入世、勇于践行的现实品格。

圣贤皆能宁静修身、淡泊明志，不以功名利禄为念，把人的道德气节和人格精神看得甚至比生命更为珍贵，以理抗势和强烈的责任意识是他们持之以恒的精神理念，也是与现实社会中的各种丑恶和权势相抗争的精神品格。吕坤在对理想人格的追求中"学颜子之学"，体会那箪食瓢饮、顺乎自然，自我与万物一体，自我与天理合德的精神之乐，也就是体会那经由内圣外王的圣贤气象而达至天人合一的最高理想境界之乐，这是一种内外兼修、德业并济的集真善美于一体的充实的自由人格精神之乐。但在"学"与"志"的统一中，吕坤更重视"志伊尹之志"。他在从政期间以社稷苍生为己责，以救时弊为急务，不枉道求合、随波逐流。吕坤推崇张居正为学笃实，支持、赞赏张居正的改革事业，在从政期间追求实效，提出并实行了一系列救治社会弊病的方案。

吕坤生性峭直、刚正不阿，时人评价他是"天下第一不受嘱托者"，说他从理不从君，敢于"以理抗势"。万历二十五年（1597），时年六十二岁的吕坤上《忧危疏》，对社会各种弊病及国家的安危严加抨击，并直接严词批评神宗昏庸贪残，置生死于度外。吕坤的人格道德气节和强烈的社会责任意识体现了儒家传统的为了真理反抗权势而杀身成仁的浩然正气和铮铮风骨。

吕坤为学强调笃实践行，注重个体道德意识和道德行为的培育和主体自觉，崇尚人格气节的浩然正气，不枉道从流；敢于以理抗势，不为了学术而学术，以学术批判政治。同时，吕坤也追求天人合一、万物一体的人与人之间、人与自然之间的和谐统一的人道主义精神境界。吕坤的"内圣外王"人格理想及其大同世界理想，从道德之于政治而言，在社会的现实中能否经由道德伦理的教化而平治天下是值得商榷的，但这种对道德理性的人格理想精神的追求是应该给予充分肯定的。因为，这一思想理念中张扬了自我在人生理想、价值、境界历程中的"自我实现"的主体性精神，自我、社会、自然的和谐统一之境是在主体的主动性和创造性中实现的，有一定的积极意义。

《闺范》与女性新道德

吕坤的哲学、伦理学思想承继程朱理学思想，更充分吸收了张载的"气学"精髓，在新的时代环境下具有一定的新意。吕坤的思想又是在批判王学末流的空疏无用、放浪恣睢流弊，以及朱学末流因循守旧、僵化陈腐弊端的过程中形成的。但明中期以来理学思潮以王学为主流，王学重视主体的自觉，蕴含着要求个性解放的思想，这一脉络中经泰州学派发展至何心隐、李贽等人，对旧道德进行了猛烈的抨击，极大程度地对"情""欲"给予了肯定和颂扬，提倡自然人性论，有强烈的冲决封建藩篱的叛逆精神。兼之明中期以来城镇商品经济的发展和市场的活跃，以及市民阶层力量的壮大，时势已经发生了很大程度的变化，使得一些具有进步意识的理学思想家开始对传统的伦理道德观念和规范加以反省和修正，吕坤也是其中之一。他极为重视主体的道德理性和人格精神的自觉，对传统的理欲关系给予更为理性的、人道的诠释，尤其是凸显了对人正当的需求和人格精神的自主的肯定。这些思想也反映在吕坤对女性新道德观念的阐释中。

吕坤于万历十八年完成《闺范》一书。这是一部关于封建社会女性伦理道德规范的书，作者以通俗的语言宣扬了封建伦理对女性的道德规范的要求，也有一些鲜明的维护妇女权益的新观念、新思想，充分体现了吕坤在伦理学思想上的特色。

传统的封建社会道德中信奉阳刚阴柔、男尊女卑、内外有别的思想，阴柔女卑不能自主，需要依附于阳刚男尊才能成就自我，女性的德性属于柔顺之德，敬慎曲从是女性的行为准则，三从（未嫁从父、既嫁从夫、夫死从子）四德（妇德、妇言、妇容、妇功）是女性应遵循的道德伦理规范的主要内容。西汉刘向撰《列女传》表彰美善，歌颂古代妇女的高尚美德、聪明才智以及反抗精神，也有相当部分是在宣扬礼法对妇女要求的三从四德等封建思想。东汉女史学家班昭曾为《列女传》作注释，并著有《女诫》，宣扬妇女的柔顺之德，也就是要求妇女们在日常生活中忍辱含垢、顺命曲从，谨守三从四德的道德规范。受刘向《列女传》影响，范晔《后汉书》专设《列女传》，以后的正史因袭成定则都设有此传。后来随着方志学的发展，地方史志中几乎都设有《列女传》，至于野史杂传中的妇女传记更是层出不穷。先秦以来形成的这一礼法传统在宋明理学家那里再度得到了高度的认同和肯定，并在很大程度上给予了更为丰富的理论阐释，"存天理，去人欲""饿死事极小，失节事极大"，对节妇烈女的表彰愈演愈烈。据有关史料统计，宋以前历代节妇烈女总数不过 187 人，宋金时期骤增至 302 人，元代增为

742 人，明代则急剧上升到 35839 人。在这样的环境下，刘向表彰一些节烈孝义的同时，更多地罗列具有美善、高尚品德、聪明才智以及反抗精神的妇女活动而成《列女传》专史的初衷在很大程度上已经变味了，成了专以节妇烈女为主要内容的《烈女传》。这些都反映了一个事实：封建专制统治日趋强化，纲常名教的束缚也愈加严酷，生活在这样环境下的妇女们的地位也就愈加低下，她们所受到的精神吞噬和身心摧残就更加残酷。

《闺范》顾名思义就是记述女性中的模范，树立榜样，也包括要求女性在伦理道德上应该遵循的规范、规则，目的就是整肃纲纪，扶持名教，使妇女们在社会生活的日用常行中有所遵循和规诫。但吕坤因势利导，运用理性的尺度批判了传统道德中陈旧的、僵化的价值观念，以符合当时社会的实际情况的浅显道理，教化妇女们处世立身的行为准则和方式方法。

吕坤依据实事求是、重情重义的价值观念批判了传统以来针对女性的"五不取（娶）"和"七去"的婚姻制度和道德规范。所谓"五不取"，主要是看女方家庭，"逆家子不取"，不忠不孝家庭的女子不娶；"乱家子不取"，作风不正家庭的女子不娶；"世有刑人不取"，家族中有人受过刑罚的女子不娶；"世有恶疾不取"，家族中人患有过聋哑痼盲等难治之症的女子不娶；"丧妇长女不取"，这条最不可思议，如果是家中长女，婚前母亲死了，就嫁不出去。所谓"七去"，就是指在婚姻关系中男方休妻的七项条件，只要女方触犯其中一条就可以被男方解除婚姻关系："妇有七出：不顺父母，去；无子，去；淫，去；妒，去；有恶疾，去；多言，去；窃盗，去。"吕坤认为这些礼法和规范是针对女性单方面提出的要求和限制，很多是极不公平的。这些条目都不是从夫妇情爱和意志的角度出发的，因为在封建社会里婚姻不是个体的事情，而是以家族为中心，涉及整个宗族的利益，因而对婚姻制度的设计是牺牲个体利益而屈从于整体利益的，如此则封建礼教对妇女的摧残势在难免。吕坤则提出应该以"情"为重，具体情况要具体分析，如果女子有贤德就不能因为"乱家"而不娶，女子丧母而使终身不嫁更是不可思议，这些都不利于对人伦的教化和训诫；婚姻关系中因为女方无子、有疾病而休妻于天理人情都不相符，假使屡次休娶都无子怎么处理？这些条目完全背离常理而不通人情。吕坤的这些批判反映了他对妇女们所受到的不公平遭遇的同情，也反映了他尝试对传统道德进行修正的进步意识。吕坤热情歌颂并鼓励妇女们对真挚爱情的追求，他赞赏的夫妻关系是夫妻双方应该在"情"与"德"上互励互勉，主张夫妻之间患难相恤、携手共进：妻子要"爱夫以正"，勉励丈夫的德行，支持他的事业，做个"贤内助"；夫妻之间应该以德相求、以德相勉，建立举案齐眉、相敬如宾的恩爱和谐家庭关系。这种基于传统美德的家庭关系于今仍应提倡。

吕坤还通过大量的历史事实批驳了传统的"女不如男""重男轻女"的陈腐价值观念。他以少女缇萦上书汉文帝救父、杨香以身扼虎救父、谢娥智杀盗贼为父报仇、花木兰代父戍边十二年等以例，歌颂了女子们勇敢、机智的壮举；通过宫闱中一些深明大义、睿智而有远见的贤德妃子对皇帝的直言劝谏，批判了对妇女们才智的歧视观念。至于节妇烈女，吕坤固然是维持封建礼教，强调女子要恪守贞节、从一而终，但他反对轻率不明智的以死殉节、以死殉夫的愚蠢行为。吕坤以"情""义"为价值取向，肯定特殊情况下的"舍生取义""以身殉情"，但极力反对不尊重生命的过分"愚节"行为，这和"饿死事极小，失节事极大"，及将生命和节义二元对立的陈旧、迂腐的理欲观和贞节观有显著差异。

吕坤的哲学、伦理学观在理学的脉络中有承继、有批判，也有一定的新意。在明中后期文化思潮中，吕坤的思想有一定的独异性，是这一特定历史条件下的时代产物，与这个时代变化和发展的脉搏息息相关。

第5章

政治、经济思想

　　明代中后期的社会形势在各个方面都发生了极大的变化。这是一个正处于急剧变革转型的时代，封建集权主义和专制主义统治日益强化，极端的集权、专制形态滋生了恶性的政治腐败，朝纲失序、党争迭起、吏治败坏，诸多因素混杂从而导致政治危机日趋严重。尽管这是一个商品经济和城市文化相当发达的时期，但在专制的政治形态下集中表现出来的却是土地兼并极其疯狂，土地高度集中到皇室、王公、勋戚、宦官以及地主、官绅手中，大量农民失去土地而沦为佃雇民乃至流离失所，从而也导致国家失去了赋税基础而财政匮乏、入不敷出，进而更加剧了赋役的混乱和严苛，经济危机也日趋严重。

吕坤的社会政治思想和经济思想就是基于这种严峻的社会形势而逐步形成的。在揭示和批判社会现实诸种弊病的同时，他提出的一些政治的、经济的思想主张既具有一定的现实性，也具有一定的进步性。在政治上，吕坤主张"以民为本""以理抗势"，认为得民心、从民欲就是"替天行道"，这也是政治的根本。他还提出以"以德为主，以法为辅"为治理国家的方略，并在基层实行"乡约保甲"制度，这些都颇具特色。在经济上，吕坤提出"均平"的经济改革主张，在既定的统治秩序的序列中寻求相对的"均""平"，进而提出了一系列的"养民"策略，进一步发展了传统的"民惟邦本，本固邦宁"的民本思想以及重民、养民的经济思想。

"以民为本"的实政理论

以民为本

吕坤生活在明代嘉靖、隆庆、万历三朝，他的政治活动以及思想形成、成熟主要在万历年间，这正是明王朝由盛而衰转变的历史时期。吕坤对所处的历史时代有着清醒的认识，他指出这个时代正处于十分严峻的形势下，人心已经浮动，乱象已经形成，只是乱机尚未萌动而已。他说，这恰似坐于漏船，水尚未湿身；卧于积薪，火尚未及体。倘若熟视无睹而不励精图治，这"民心如实炮，捻一点而烈焰震天；国势如溃瓜，手一动而流液满地"，势必使国家内外交困，国将不国。

民心的得与失，关系到天下的存与亡。吕坤对人民群众在改造社会历史上的决定性作用有着清楚而又深刻的认识。以民为本的重民、养民思想是吕坤思想的根基，也是吕坤在实践方面的基本出发点，这一主旨贯穿于他思想理论的各个层面，也贯穿他社会政治实践活动的方方面面。

民本、重民意识是儒学在政治方面的传统思想，可上溯至《尚书》"民惟邦本，本固邦宁"中认为"民"是安邦兴国根本的思想，孟子宣扬的"民为贵，社稷次之，君为轻"中的"贵民"思想，以及荀子提出的"君者，舟也；庶人者，水也。水亦载舟，水亦覆舟"中对民众伟大力量的认识。吕坤汲取了先秦以来这一民本思想资源，并作了进一步发挥和实践。

吕坤坚持理性主义和实用主义的结合，以"以民为本"为出发点，阐释了他的重民思想。吕坤对"民"的地位和尊严给予高度的肯定，认为是否能赢得民心、民意决定着天下的安危、国运的兴衰。他认为天下的存亡维系于"天命"，但天命的去就维系于"人心"，这是对《尚书》中所谓的"天视自我民视，天听自我民听"思想的进一步发挥。他认为，天意即民意，天的意志即民的意志的体现，体恤民情、体察民意、寻得民心，首先在于人民是物质财富的创造者，在社会生产中的地位和作用是不可估量和替代的。吕坤提出："盈天地间，只靠两种人为命，曰：农夫、织妇。"劳动人民是生产、生活以及社会得以正常运行的基本力量，如果不重视、不关心劳动人民的生存、生活状态，就是自戕其命、自掘坟墓。吕坤告诫统治者及其统治阶层，应该反躬自问，这衣食住行和饱暖尊荣是何人辛苦劳作得来的，是何人无私供奉的？"同民之欲者，民共乐之；专民之欲者，民共夺之"，倘若劳民伤财，致使民不聊生，无疑就是自毁根基。他认为，人民群众不仅是社会物质财富的创造者，而且是国家政权赖以存在的根基，是国家兴亡、政权更替的操持者，更是君主之所以能享显赫、神圣地位的依赖者。因此，人民群众是决定君主自身安危、社稷存亡的根本力量，不顾惜民生的艰辛，肆虐横暴、贪残无度、严刑峻法，势必导致民心背离，重蹈桀、纣的历史覆辙。民不畏死，奈何以死惧之！吕坤青年时期就耳闻目睹了波及家乡宁陵的师尚诏起义，对人民群众在非常历史时期表现出来的力量有着切身而又深刻的认识，他告诫统治者们，不要平时肆意践踏、鱼肉压榨民众，待到人民群众起来反抗而无处逃身之时，可真就是亡羊补牢悔之晚矣。吕坤强调，要想兴国安邦、治理天下，关键点在于"只在一种人上加意念，一个字上做功夫"，这一种人就是"民"，这一个字就是"安"。也就是说，民生事务不容忽视，一切要以民众为出发点，重民、安民毋庸置疑是兴国安邦的第一要务。

吕坤不仅肯定了民众在物质财富创造上的巨大贡献和在国家兴亡上的决定性作用，而且从人性论和认识论的角度充分肯定了民众的智慧、人格价值和尊严。他说，人是理气的结合物，从人的现实性上来讲，由于"气质之性"的"异化"而有人性善恶的差异；从人的本质性上来讲，"义理之性"是人先天就具有的，这是纯粹至善的。吕坤汲取了儒家传统的"人皆可以为尧舜"的思想，提出不可轻视下层民众的智慧和价值，要尊重人的人格尊严。尽管在现实中有着权势大小、尊卑贵贱、高下地位的等级差别，但从人性来讲，即使是圣人的尧舜也和普通人有相同之处，通过后天的学习和努力人人都可以成为圣人。吕坤提出了"天地间人惟得道者贵"的思想，认为在真理面前没有什么尊卑贵贱之分，掌握了真理的人就是尊贵者，这一命题打破了权势至上性的限制。在这种意义上，吕坤强调了民众在认识、见闻上的真实性也往往高于统治者及其所属阶层，批判统治者不可"防民之口，甚于防川"，也就是说阻止人民进行批评和说话，必然会使见闻越来越壅塞，真知越来越少，下情不能上达，其危害可想而知。因而，吕坤充分肯定了民众的价值和尊严，认为要体恤民情、体察民意，不可强夺或肆意违背民众的意志，否则就是自取其祸、自毁长城。

吕坤继承孟子"民为贵，社稷次之，君为轻"的思想，在对君主和民众的关系以及官制设置等问题的阐释中，再次申明了他的重民思想。吕坤针对封建君主极权专制作了一定程度的限定性批判。吕坤认为设置君主不是为了一家一姓的利益，根本目的是天下百姓的利益，反对把天下看作一己的"家天下"，把天下的财富看作是自己的产业而肆意挥霍，把天下苍生的生命视为儿戏而恣情肆虐，也就是不能将一己之私欲凌驾于万民公义之上，进而盘剥天下民众之利益去满足自我的穷奢极欲。吕坤深刻揭露了财富的有限性和君主的贪得无厌之间的矛盾，揭露了天下困贫与君主独富之间的矛盾，严厉斥责神宗贪财爱货、残暴虐民的行径，认为这种肆无忌惮的作为导致民不聊生、民心尽失，无疑是在自毁其身。吕坤认为君民之间的关系关键是要以"民之所欲"为根本出发点，"同民之欲者，民共乐之"，反之，"专民之欲者，民共夺之"。吕坤还进一步就吏治和民的关系作了一系列的揭示和批判，对官制设置的目的性问题的思考也是他重民思想的重要发挥。吕坤认为设置官员的目的是为天下求人才，不是让他们凭借权势谋取私利而享受尊荣，也就是说，官员的设置不是为谋求富贵提供凭借，而是为国为民服务。吕坤严厉批判了当时官场风气的弊病，指责官吏们心不念民、口不谈政，只"在上官眼底做工夫"，而不"在下民身上做工夫"，凡是有利于官吏私利的，天下通行，凡是有便于民、有利于国的，要么不能推行，要么推行了也不能持久。他抨击官吏们将精力心思耗费在谄媚逢迎、升官发财、追名逐利上，而置公务、民事于不顾，最终是"国民两负，肥得此躬"，自身肥了，国家和民众却深受其害。为官者本为安民却变成了扰民，这就完全违背了国家设置官吏的初衷。吕坤主张以"利于民生"为标准推行吏治改革，有利于民生的都加以恢复、推行，有害于民生的都加以取缔、扫除。吕坤对君权的批判和限制，对吏治、官风、官场心态的深刻揭露和反省，以及主张官制的设置基于为国为民的原则和以"利于民生"为标准的吏治改革都有一定新思想启蒙的价值。

吕坤"以民为本"的重民思想不仅体现在他为政的实践活动中，而且贯穿于他忧民忧国、实学实为的活动之中。吕坤在从政期间始终将民生问题作为第一要务，每到一方都能恪守职责、勤政为民。吕坤一生的所行所为、所思所虑表达了对民众的广泛同情。吕坤生活在一个帝国正在经历由盛而衰的历史性转折的时代，复杂的社会矛盾渐趋激化，下层劳动人民的反抗活动不断发生，统治者自然采取了残酷的手段将之镇压，并侮称之为"盗"，吕坤作为统治阶层的一分子，能客观地、理性地分析和对待"盗"何以为盗的问题。吕坤揭露和斥责了统治阶级的极度贪残横暴：一方面横征暴敛，将天下财富聚敛于皇室、贵戚、官府、豪绅手中，导致民不聊生；另一方面严刑峻法、欺世盗名、丧理失义、乱杀无辜，致使民不堪命。在这种流离失所、饥寒交迫的情况下，盗也是死，不盗也是死，故吕坤对下层民众的反抗活动给予了理性的同情和理解，当然更重要的是在告诫统治者，"富民"才是古今为政的通则。他反对统治者和各层官吏搜刮虐待民众，认为"天生此民"及其应有之利益并非"士夫之鱼肉，官府之府藏"，可以任意宰割、肆意挥霍。吕坤的这种深刻认识和训诫应该作为千古从政者的警示铭。吕坤主张博施仁心，存恤佃雇民；反对放高利贷，酷刑逼债；对商贩，反对苛繁攘夺；反对劳役之苦，同情河工、采木工等的悲惨遭遇；反对盘剥虐待士卒，同情奴婢遭遇；反对苛刑峻法，重视狱情的调查，民命为先，重视人民的生命。吕坤对普通民众的生存状态和生活境遇表达了广泛的同情和关注，提出了一系列相应的"救时弊病"的措施和建议。

吕坤"以民为本"的重民思想是他讲学宗旨"天地万物一体"的具体诠释，也是他以"尧舜事功，孔孟学术"为终身急务的实际践行。吕坤认为"孔孟学术"就是以天地万物为一体，就是一个"仁"字：无毫发欠缺，仁具有整体性；无纤芥瑕疵，仁具有纯粹性；无些许造作，仁具有自然性；一心之仁，无分毫私欲；一身之仁，无分毫病痛；天下之仁，无分毫间隔；把天下看作自己的身躯，就能与万物相沟通；突破小我局限，才能四通八达。吕坤思想的最高境界和价值理念就是一个"仁"字，所谓的仁就是最高的道德理性，若将"仁"视之为"体"，那么"义"就是其"用"。吕坤认为学问的最终目的就是要践行这一体之义，就是大张无我之公义，消尽自私自利之心，敦化公己公人之念，这才是真实有用之学。吕坤极为赞赏张载"民，吾同胞；物，吾与也"之说，认为经由这至诚恻怛、恳切殷浓的自然仁心，由不得自己而亲亲、仁民、爱物，自然而然能推行许多公己公人、生息爱养的政治措施。基于此，吕坤指出作为一县之长者、一国之君者、天下之主者，胸中能有这般知痛知痒、恳切纯真之心，能急公好义、恪尽本然职分，使所治之民个个得其生，人人安其分，进而使物物得其所，事事相协宜，也就是"使天下万物各得其所，此是尧舜事功"。吕坤的民本思想汲取了儒家传统的民本主义的源泉，通过对现实的批判赋予其一些新的内涵，具有一些值得肯定的理论价值，可视为明代晚期黄宗羲、唐甄等人反对封建极权专制的中国早期民主启蒙思潮萌芽的先声。

吕坤基于"以民为本"的贵民、重民、同情民生的思想，提出了"以理抗势""德主法辅"的政治公义原则和治国理论。

以理抗势

吕坤提出的"以理抗势"主张，不仅凸显了政治理性之于政治权势的至上性，而且充分汲取了先秦以来儒家倡导的道德优先于、顺导于政治时势的政治伦理精神，进而在极大程度上肯定了人的理性和意志在真理之于时势面前的独立和尊严。基于公理和道德的原则，对人格独立和尊严给予相当程度的肯定，是吕坤在政治上提倡"以理抗势"精神的显著特色。

在传统的政治统治模式中，道与王、道统与政统在现实政治生活中总是存在着矛盾或冲突。针对这两种关系之间的冲突和矛盾，儒家一以贯之坚持的主张就是尊道重德，通过礼制的统治模式实现王道天下。孔子提倡"为政以德"，通过"以道事君"协调道与王的关系，使王能遵道、行道于天下，通过"道之以德、齐之以礼"调和道统和政统的紧张关系，也就是经由道德教化和礼制统一来实现王道统治。孟子认为"天爵"高于"人爵"，即仁义道德高于权势地位，在二者的矛盾或冲突中，儒家的选择只能是"乐道忘势"或"以德抗位"，在不同的领域内适用于不同类型的价值标准。孟子认为，在政权系统内必然要有权势的大小和地位高低的区分，在社会生活领域则自然有血缘辈分和年纪长幼的区分，这种区分的关系中自然应运而生有尊卑之别；但在治国安民的社会的、政治的原则上，则应当以德为本，德或道才是平治天下的根本。荀子则进一步提出了"道高于君""从道不从君"的思想。这种以道德至上的政治理念和"以德抗位"或"以道抗势"的政治精神，在吕坤的"以理抗势"的政治公义原则中得到了更进一步的发挥和诠释。

在吕坤看来，所谓的理或道既有至上性，又有世俗性：作为"天下古今公共之理"具有至上性，是不以人的意志为转移的；作为"人人都有份底"的理具有世俗性，不是圣人、君王、君子等所专有垄断的。吕坤所谓的势，主要是指君主所掌握的政治权势，但也涉及变化中的时势。吕坤认为天地之间理与势是最尊贵的，但理又比势更为尊贵；势从于理，君主的权势当然也要依附于理，理是其合法性的根本依据，是否依从于理关系到君国天下的存亡，这也是"道高于君"的缘由所在。换言之，吕坤强调的"理"或"道"并不仅是高高悬置于上的、不可把握的天理，更是落实于"以民为本"政治理念实践中的人道；君王之所以能处在"权之所在、利之所归"的权势巅峰，是恃民众之力而成就的。他认为，得民心、民力则成势，失民心、民力则失势，普通民众的力量是君国天下权势存亡兴替的基础。吕坤所强调的"以理抗势"就是要坚持"理"的原则，也即"以民为本"的原则，甚至以不惜牺牲生命为代价勇于承担这一社会责任和义务去引导或限制君主权势必须服从于"理"而行仁道去治理天下；反对慑于君权神授（天子有命于天）而不敢矫正其屈直，拘守圣人之言而不敢辨正其异同。吕坤学贵自得、重实用，不人云亦云、随波逐流。他提倡明辨时势变化，合于理则顺之，悖于理则抗之，认为道没有边际，世事随时变化，理论和制度是在不断地丰富和创新中的，圣人不是真理的代名词。吕坤反对抱残守缺、因循守旧、循规蹈矩的卫道士们筑起的大堤防，主张锐意冲决它，以便"发圣人所未发""为圣人所未为"。这种不落窠臼、锐意刷新、冲决藩篱的精神，对当时流于空疏无用、僵化陈腐的学风、士风都有振聋发聩的作用。

吕坤既肯定了天地之间唯有道（理）为最贵的至上性，也阐发了天地之间唯有得道的人为最贵的世俗性。也就是说，在真理面前并没有什么尊卑、贵贱之分，谁认识或掌握了真理，谁就是高贵者和值得尊重者。因此，吕坤多次强调绝不可轻视匹夫匹妇、下士寒儒在认识真理和掌握真理方面的能力，赞扬他们在实际生活和社会实践中的真知灼见远胜过那些脱离了实际、实践而高高在上的统治者。吕坤阐扬在真理面前无贵贱、尊卑之别的人人平等的道德理性精神，不仅在政治上具有一定的进步意义，其特殊价值更在于很大程度上肯定了每个个体的人格尊严和理性自觉，因而具有一定的启蒙意义。

德主法辅

吕坤在治国方略上的核心理论继续发挥了儒家政治哲学的一贯主张和传统思想，主要观点仍是"德主法辅"。但吕坤更多地切合了他所处的时代问题和当下时弊，对传统的"德治""法治"及其关系作了相当程度的发挥，有一些颇有特色的见解，今天看来仍有一定的借鉴价值。

在传统儒家政治哲学中，"德"与"法"的关系具体体现就是"礼"与"刑"的关系。孔子就"礼""刑"二者的关系谈道，"礼乐不兴，则刑罚不中；刑罚不中，则民无所措手足"。刑罚自不可缺失，但礼乐才是首要的治国方略。因而，孔子讲过"道之以政，齐之以刑，民免而无耻；道之以德，齐之以礼，有耻且格"。相对于政令、刑罚，道德教化和礼仪规约才能使民众莫不敬服，也才能使四方之民莫不来归。孔子强调德治是实现王道政治目的的根本途径，"为政以德，譬如北辰，居其所而众星共之"。整体上来看，孔子的治国思想的基本内涵是，将道德教化视为实行王道政治的主要途径，而以刑罚为主要内容的法治则是推行王道政治的重要辅助措施。孟子继孔子的"德政"之后，提出了"以德行仁者王"的"仁政"思想，反对仅凭借权势和强力的不仁不义之政，认为王道的实现，仁政的推行，主要取决于道德教化。但在孟子那里，这并不是全部，他将"德"与"法"的关系讲得更为贴切，"徒善不足以为政，徒法不能以自行"。可见，以德为主、以法为辅，德法兼用是儒家自孔孟以来传承而下入世治国的基本思想。吕坤提出的"以礼为主，以刑弼教"的治国思想以及对相关问题的讨论是对儒家这一传统的延续。

吕坤极为重视道德教化的作用，尤其重视对时代风习和世道风俗的教化和引导，以便达到移风易俗而有利于正道的目的。吕坤一生不论是在家闲居还是在外为官，都十分重视道德教化，在这方面他也撰写了许多通俗读物来宣扬之，如《四礼翼》《续小儿语》《宗约歌》等。推行利于移风易俗的道德教化被吕坤视为实行"德治"的首要任务，而吕坤所谓的"德治"就是要将施行仁义、实现王道作为政治的根本，认为天下的存亡，国运的兴衰，君王权势的消长都维系于民心的得与失，所以，"德治"首先就在于要能使下情得以上达，也就是要达民情、通民意。为政的目的应该是为民服务、为民负责。"仓廪实而知礼节，衣食足而知荣辱"，"德治"的根本还是在于上惠得以下施。物质生活是人生存的最基本需求和最基本权利，"民以食为天"，使人民物质生活得到基本的保障和满足才能赢得民心，才能使民众遵循社会的礼仪规范，与家国天下共荣辱、同患难。因此，吕坤认为"养民"——满足人民物质生活的基本需求、丰富人民的经济生活是王道政治的根本，这是关注、关心民生的第一要务，是政府政治活动的第一政务，舍此而求天下得以治理、道德教化得以推行是不可能的。吕坤继承了孔子"足食""富民"，孟子"民之为道也，有恒产者有恒心，无恒产者无恒心"的民本思想，强调为政必须使民众不饥不寒，使鳏寡孤独废疾者皆有所养，这也是王道政治的具体体现。"足民，王政之大本。百姓足，万政举；百姓不足，万政废。"这是吕坤所强调的，更是对统治者的告诫，即使是尧、舜，除此之外也没有别的更好的方法。"德治"的关键是"以民为本"，这不仅是吕坤治国思想的主体，也同时体现在他为政的实务中。当然，吕坤多年的政治社会实践也使他对法治的重要性有着深切的体会、认识和思考。

中国古代的法律思想和制度、体系是以"礼义""礼制"为基本原则和理论基础的："诸法合体，民刑不分"，刑法为主，司法行为和活动完全受制于行政，各级行政官员同时也是所辖范围内的司法官员；君主是法律制定的主体，法律以君主的意志为转移。在专制统治之下，法律就是少数统治者意志的体现，法治更无独立性和客观性可言。吕坤也无可奈何地感叹，官员如果想为有罪之人推卸罪责就引法律规定中的轻条，想加重罪责就引重条，在执法过程中处处都会受到权势者的意志干预。历代封建君王的统治都援引了法家的法、术、势理论，韩非子主张抱法处势而用术，"势"居于三者整体关系的核心，论证了君主权势至高无上的性质，把维护君主权势的理论提高到了哲学的高度。历代封建专制统治者将法视为自身权势意志的体现，看作是统御被统治者的工具，也是不断加强自身权势的政治权术。吕坤则从民本意识的角度提出了"以理抗势"的观点，同时也论证了君主权势的消长取决于民心的得失，并不是有恃无恐不受任何牵制的。吕坤在三纲五常的社会人伦之上提出了一个"宇宙三纲"说，即王法、天理、公论。他认为君主的权势是应该受限制的，君主也有四畏：上畏天，下畏民，畏言官于一时，畏史官于后世。也就是说，上自天理，下迄民意，乃至言官的上谏和史官对君主言行和政务得失的秉笔直书都是对君权的限制，自然也是君主所敬畏的。此外，吕坤这里提及的"王法"并不是某一朝一代君主的意志体现，而是二帝（唐尧、虞舜）、三王（夏禹、商汤、周文王）时期的"圣王之法"。吕坤的主张并不是要复古，主要意在说明先圣"王法"高于"君"、高于"权势"，是法变中的不变之法，是匡正、防警暴君邪臣胡作非为的昭示。"以法抗势"，吕坤这种对法的认识和见解在专制体制下无疑是有进步意义的，是对封建专制下的法因最高权势者的意志转移而转移的限制，同时也与他所主张的从天下公义和民意出发"以理抗势"的宗旨是一致的。

儒家传统的治国理论不完全排斥"法治"思想。孔子也曾经说过，"听讼，吾犹人也。必也使无讼乎"！法律的制定和司法活动是为了达到教化的目的，而不是统治者树权立势、扰民虐民的政治权术。吕坤并不排斥韩非子等法家的治国理论，认为法治也是实现王道政治的一个重要方略，一定程度的严刑峻法是必要的，"以杀止杀"，对少数人的严惩是为了不杀，达到教化大多数的目的。当然，吕坤并不是将法视为一种纯粹的冰冷的统治工具，他认为法是本着天理、人情而制定的，自然要体现公义和公益，顾及民众的习惯、心理、情感和利益。吕坤强调在执法活动中要重视对触犯刑律者具体情况具体分析，注重对监狱情况和犯罪实情的调查，尊重生命，追求公正，敢为民命伸张正义，反对草菅人命，贪赃枉法，严刑苛法，这反映了吕坤在法治实践中的人道主义精神。有鉴于当时社会矛盾日益尖锐化、吏治黑暗腐败、民不堪命而时有起义发生的状况，吕坤立足于立法、执法的教化意义，主张不可变本加厉地滥法严刑、暴虐扰民，而要以"宽简"为主，立法不能太严苛，执法不能过于激烈，以便缓和社会矛盾。

"以礼为主，以刑弼教。"吕坤主张"德主法辅"，德治与法治从纲常伦理教化的政治意义上来看是统一的，从另一个角度来看，也就是吕坤主张的人治与法治的统一。当然，吕坤在强调法治不可偏废的同时，更为重视人治的重要性，认为在尧、舜时代可以任人而不任法，但倘若不在这样的时代，仅只任人没有不乱的，因此法治是必要的。但良法的制定、执法的公正，乃至整个法治运行的成败，又取决于立法者、执法者是否具有贤良的德行，因此德才兼备的法治人才是必备的。人治与法治之间有着对立统一的关系，如何处理好二者在治国方面的作用是一个复杂的话题。古代中国的法并不具备也没有以现代所谓的"法律"形式表现和存在，更大程度上是一种体现统治者权力或权势意志的工具，不具有任何独立性和客观性，因而在吕坤治国思想理论中法治也只能是人治（或德治）的辅助方式。儒家强调人治，古代中国的社会是一个人治的社会，吕坤的人治思想是在新的时代问题中对儒家传统治国理论的调整。吕坤的"德主法辅"治国思想尽管没有理论上的突破，但将道德教化与法制建设在"以民为本"的基础上有机地统一起来的一些颇有特色的见解仍有一定的鉴取和启迪作用。

乡约、保甲一体化的地方自治思想

吕坤主张"以理抗势""以法抗势"。他深知徒用高压的政治权势棒喝不能实现治理国家的目的，其反对君主专制统治的意向是极为鲜明的。因而，吕坤反复强调和重申儒家素来的养民、惠民、顺民、安民的政治主张：安民是目的，民以君尊而得以定；尊君是手段，君以民定而得以尊。吕坤反对极权专制，但对君主政体本身是维护的。虽然吕坤主张经世致用并积极投身于政治社会的实践之中，但他的政治理想则是要达至"无为无不为"的圣王之治。吕坤作为一个重于实践的政治家，在具体政治举措中多有建树，他的"乡甲约"合乡约、保甲为一，是一项前所未有的具有一定地方自治精神的基层管理模式。

乡约制度发轫于北宋熙宁九年（1076）陕西蓝田吕大均、吕大忠兄弟的《吕氏乡约》。北宋为金人灭亡后，吕氏兄弟的原著在关中失传，朱熹家中有此书，将其考据修订，使其逐渐流传开来。"乡约"制度，顾名思义，为乡人共同遵守的约定，是一种自发的、以地方区域宗族为单位的乡村组织，即推选德高望重者一人为约正，有学行者二人为约副，每个月另选一人当值，通过德业相劝、过失相规、礼俗相交、患难相恤以达到教化风俗为目的的乡村基层管理制度。

保甲制度为一种乡村政治制度，其最早可以追溯到商鞅变法，商鞅在秦国开阡陌，编什伍，实行连坐制，但其本质上是将军事制度应用于民间，其真正作为一种概念和基层政治制度则源自北宋时期的王安石变法。在社会基层实行保甲制度始于北宋熙宁三年：各地农村住户，不论主户或客户，每十户（*后改为五户*）组成一保，五保为一大保，十大保为一都保，凡家有两丁以上的，出一人为保丁，农闲时集合进行军训，夜间轮差巡查，维持治安。

乡约制中奖善纠过、讲信修睦等措施，有利于风俗的改良，但目的在于维护社会基层宗法伦理秩序和推行特定意识形态下的道德教化。保甲制则合兵民于一，既有利于维护地方的治安，又加强了对农民的控制。这两项制度在明代继续沿用并有愈加强化的趋势。这里以王守仁为代表略作说明。明正德十二年（1517），他巡抚南赣，颁布了类似于保甲制的"十家牌法"的一系列条文，以每十家为一个单位注册登记，互相之间讲信修睦、息讼罢争，负责稽查、缉捕奸盗，协助地方政府处理民事纠纷等。正德十五年又颁布了《南赣

139

乡约》，一方面教谕同约之民孝尊敬长，教育子孙，和睦乡邻，患难相恤，劝善戒恶，息讼罢争，讲信修睦，做良善之民，形成仁厚的风气习俗；另一方面对"乡约"这一组织机构、负责人职责、活动方式、开会程序、礼仪制度等作了详密的规定。同约人中推举年高有德者一人为约长，下设二名副约长，又推公直果断者四人为约正，通达明察者四人为约史，还设知约、约赞等职，组织十分严密，各有其职权。通约之人凡有危疑难处之事，都须约长会同约的人裁处，如若曲意陷人于恶罪，则惩罚约长、约正等人。王守仁将原本民众自发的乡约活动变成了吏治的工具，把乡村宗族组织和地方政治功能统一起来，结合保甲制，加强了对乡民的监视和控制。这一制度在很大程度上正是基于他在镇压农民起义军过程中的认识的创设。

吕坤则认为乡约、保甲绝非两事，而是一体的：从治民、教民、养民相结合的角度来看，乡约和保甲都是基于基层民众管理的需要而设置的，只是二者功能稍有差别，乡约以劝善改过为主，以教化开导为主，保甲以惩恶除奸为主，以深究责任为主。吕坤将原为劝民的乡约制和安民的保甲制合而为一，在较大程度上完善了乡村基层自我管理的制度。

乡甲制度的合一，实际上就是将治民、教民、养民统一了起来。一方面，加强了对地方的治安管理，如吕坤曾利用乡甲制镇压过白莲教起义的活动。吕坤在《乡甲约》中规定，本县及寄住的人民，在城在镇的以一百家为一单位，孤庄村落的以一里之内的人家为一单位，推选公道正直的两人分别担任约正、约副，以管理一约（一个单位）之人，再选善书能劝的两人担任约讲、约史，以办理一约之事，十家之内推举一人为甲长，每一家又以前后左右所居住者为四邻，一人有过错或有善行，四邻负有劝化和查访的职责，要据实上报甲长，甲长再转告约正，倘若一人有恶罪，四邻知而不报、甲长举报则要追究四邻的责任，四邻举报而甲长不转告，则追究甲长的责任，甲长举报了而约正、约副不记录在案，地方政府则要追究约正副的责任。吕坤将保甲纳入乡约，在劝善惩恶的民风民俗道德教化领域渗入了监督举报等政治控制性因素，使基层民众被纳入了一个相互监督的政治网络。

另一方面，乡甲制的一项主要职责就是道德教化。吕坤倡导兴复社学，以便教化百姓，净化风俗。吕坤建议在相应的地方设立社学，人口稠密的城镇二百家以上的设立一处；选拔一批贤良端正的人通过培训和考核作为师资，分配到各处社学；甲长负责查访本甲中的适龄子弟报给约正，以入社学，家境贫困艰难的可经过约正报官想办法安排；对童蒙教育要从长见闻、便日用、晓义理循序渐进，对成年人则可以通过喜闻乐见的弹唱等方式和浅显易晓的语言将封建伦理通俗化，以便百姓容易接受。吕坤在为政期间，每到一处都重视民情风俗、道德教化，对教育的重视本身就具有文化启蒙的意义。

此外，乡甲制还发挥着扶危济困的职责。吕坤主张各地普遍设立会仓和建立社会抚恤事业，以便达到赈灾济贫、抚恤孤残的"养民"目的。所谓会仓，就是根据贫富程度和人口的多寡，每月分两次将一定量的粮食会集到所属乡约储备起来，每年二十四会，多积蓄的给予奖赏，不积蓄的加以督责，这样一旦遇到灾荒年便能使"家家有救命之资，人人有备荒之策"。另外吕坤还积极倡导筹建"养济院"，将六十岁以上无妻子兄弟的，十二岁以下无父母兄弟的尽数收入，他对各种失去生活能力的残疾人十分同情，给予收养抚恤。他还设立季节性的"冬生院"，内设火炕，配加草苫和棉被，从每年十月初一起至三月初一止，对凡在本区域内六十岁以下、五十岁以上的盲人都加以收容并给予衣食抚恤。

吕坤主张的乡甲制是具有一定独立性的地方自我管理特色的民间社会组织。吕坤反对地方政府无故骚扰、坏乱乡约，但从政治角度而言，强调了政府要严格控制、管理乡约，即"良民分理于下，有司总理于上，提纲挈领，政教易行，日考月稽，奸弊自革"。纳保甲于乡约之中，也就是将一种出于政治性目的的设置纳入了民间社会基层的道德教化组织之中。虽然经明入清以后，乡约制度终于沦为政府控制乡村的一种工具了，但吕坤通过乡甲制关心下层民众的生活，注重对乡村的童蒙教育、风俗教化的推进，重视基层社会抚恤事业的建设，一定程度限制、缓和了豪强地主与农民之间的矛盾，具有值得肯定的价值和意义。

"以社稷苍生为己责"的济世思想

"均平"的经济改革

吕坤生于嘉靖十五年，中经隆庆朝，万历四十六年去世，作为一个从政二十余年的政府官员和有着思想新创活力的学者，他对明代中后期这一阶段以来的思想、政治、经济等方面的趋势变化有着切身的体会和深刻的洞察。明代社会经济自嘉靖朝开始至万历朝中期，商业性农业获得了空前的发展，商业活动日益繁荣，手工业中的某些生产部门隐约地出现了资本主义生产方式萌芽；随着新兴城镇大量涌现，工商业人口大增，城乡市场的网络开始形成，海上民间贸易也得到新的发展机遇；与之相应的，张居正主持的经济赋税改革（一条鞭法）也在全国得以推广。但自万历中期开始，由于连年的战争，政局日益混乱，土地兼并因疏于节制而恶性膨胀，国家财政面临崩溃，人民群众生活更加贫困，社会生产又遭到严重破坏，社会经济开始趋向滑坡。其间，万历十年，张居正刚去世，神宗就迫不及待地扼杀了这场颇有生气的综合性的社会改革，使得一切改革成果付之东流，社会形势反复故态，各类社会矛盾再度紧张且尖锐化了。吕坤面对社会秩序的失衡和社会矛盾的激化，目睹人民群众生活困顿不堪、流离失所，提出了相应的经济改革和调整思想，主要体现在他"均平"的改革思想和"养民"的经济主张上。

吕坤的"均平"经济改革思想首先针对的就是土地问题。吕坤认为劳动人民是决定天下存亡的根本力量，是君国天下赖以生存的衣食父母。因此，不重视社会最底层的农夫、农妇们的生存、生活，无疑是一种自戕行为，而关心、解决农民问题的关键就是关注土地问题，使劳动民众能有一份自己的恒产。然而，明代中后期以来土地兼并愈见肆意疯狂，土地高度集中到地主、豪强、官绅、王公、勋戚、皇室等权势者们的手中了，贫富差距极其悬殊，这种不公导致社会矛盾不断加剧和社会形势的动荡不安。皇帝带头掠夺土地，大量设置皇庄，数目之多超越以往任何一个朝代的任何皇帝。神宗的皇庄达214万余亩。王公、勋戚、宦官通过钦赐甚至夺买等手段也大量占田。嘉靖时景王戴圳"越界夺民产为庄田"占地竟达数万顷之多。外戚如景泰时期的都督汪泉，庄田也有 16300 余顷。神宗封藩福王于河南，一次性就赐给他 200 万余亩土地，河南不够就划山东、湖广土地过来。官僚和缙绅也通过各种手段兼并大量土地，如扬州地主赵穆一次就强夺民田 3000 余亩归为己有。特别是乡宦，如嘉靖时阁臣严嵩在北京附近有庄田 150 余所，在家乡更是广占良田，一府四县的土地十分之七属于严家，又广置良田美宅于南京、扬州，多达数十所。首辅徐阶在苏松占田 24 万亩，拥有佃户几万人。在北方，京畿辖内八府的良田，半数被势豪所占；在南方，官绅地主占田也少者数百亩，多者数千乃至万亩。

针对如此严峻的土地兼并形势，以及人民少地、无地而生活艰难乃至流离失所的状况，吕坤认为天下民心、民意、民情只求一个"安"字，而治国平天下，关键就是讲一个"平"字，平则安，无公平可言则无安心可谈，天下不太平则民生难安定。针对如此恶性的土地兼并趋势，吕坤认为救治的根本方法就是抑制土地兼并，实行"平均"土地的经济改革。吕坤在地方任职期间，提出地方政府的职能之一就是"地土不均，我为均之"。吕坤理想的土地制度是先秦儒家倡导的"井田制"，但这种理想化的土地制度不仅不适应春秋战国之际社会发展形势而没能实现，随着集权专制大一统社会的出现和发展以及土地私有制的变革，在明代实现这一制度也只能是一种空想。吕坤不惧于因张居正被打压而可能受牵连，极为赞赏并能勇于汲取张居正改革的成就，相应地提出既具有实际性又具有可行性的方案，也就是"清丈土地"。万历十一年，吕坤休假在家时发现土地有隐而不报偷逃赋税的，就曾力主清丈全县的土地。因为土地不清不均，赋税就不公平，尤其是乡宦豪绅地主借此偷逃赋税而加重了普通民众的负担。吕坤主张通过法律手段和劝诫方式相结合来解决土地隐匿问题，为此他曾作《戒诡地》诗劝说：

> 百亩能活八口身，立锥无地可怜人。
>
> 如何有土连阡陌，却怕当差寄里邻。
>
> 花名鬼户伤天理，跳甲埋丘昧己心。
>
> 越富越奸没尽足，分明折挫你儿孙。

鉴于实地清查土地受环境地理等因素的制约，吕坤主要是通过行政手段实际均丈，除自我填报、互相监督等之外，还要设立检举箱惩奸赏报。他认为在这样的核查基础上就能很好地完成土地清丈的工作，也就能更好地实现赋税的均衡，既有利于国家财税的收入，也能相应减轻普通民众的负担，从而缓和社会矛盾和维护社会稳定。

吕坤"均平"的经济改革主要是针对赋税问题。在这个问题上，吕坤不仅探讨了如何实现"平均"赋税的问题，也较多地批判了赋税制度的弊端和政府赋税徭役的苛繁贪残。明中叶以来，由于土地恶性兼并、高度集中，政府控制下的人丁和土地的数量急剧下降，大地主们隐匿赋税，加之庞大数目的王室、官僚、缙绅赋税的优免，使得明政府财政收入逐渐减少，财政危机日趋严重，而政府的各项开支却与日俱增，皇室的奢侈糜烂和冗官冗食也极其惊人，无法克制的体制弊端导致政府不得不加重对控制下的民众的赋税负担，同时也造成了赋税的不均，沉重的赋税负担更多地被转嫁到贫苦农民的身上了。

明中后期，政府财政危机已经非常严峻了，嘉靖中期以后，财政收入已经濒临入不敷出的地步，每年财政亏空多者近白银 400 万两，少者也有百余万两。隆庆、万历年间，财政危机的恶化状况有增无减。隆庆元年太仓银仅存 135 万两，只足够三个月的开支，当时任户部尚书的马森面对如此境况无可奈何地感叹，如此匮乏的贮藏，平安无事的时候都难以应付，一旦有个什么不测的灾变，巨额的开支又将如何面对？现今，催逼急征，搜刮无度，名目滥杂，四方的百姓已经穷竭，各处的库藏空虚，如此的时势，即便是神运鬼输，也难以奏效了。万历中后期，财政危机的形势更加严峻。嘉靖、隆庆以来，地主官僚一边兼并土地，一边转嫁赋税，导致地方赋役征收紊乱，一些在明初规定永不征税的土地也开始被全部征收。万历中期起，朝廷派出大批太监为矿监、税使到全国各地督领开矿榷税，实则搜刮民膏民脂，榨取商人血汗，时称矿税之祸，导致民穷财尽，人民苦不堪言。皇室奢侈，集团恶性膨胀，各级政府吏治腐败，苛捐杂税又被地主转嫁到贫苦农民身上，如此境遇下，劳苦民众在被敲骨捶髓式的盘剥下父鬻子、夫卖妻，十室九空。吕坤沉痛上书指责神宗，"地是这些地，民是这些民，又不是上天会下稻谷，大地会涌黄金"，如此涸泽而渔，导致的结局将是"失去人心，也就是破坏了国家的命脉"。明代中后期的江南流传着这样一首歌谣，揭露了当时赋税的沉重和人们生活的艰难："一亩官田七斗收，先将六斗送皇州，止留一斗完婚嫁，愁得人来好白头。"

陈继儒（1558—1639）在《吴葛将军碑》中记述了万历二十九年的一段事迹，也生动反映了当时宦官征商税扰民、坑民的实况，大致情况是：内监孙隆在江南各地遍设关卡，凡米盐、果蔬、鸡猪等无不收税。随从人员中有一名叫黄建节的人，是个极其喜欢阿谀逢迎的奸佞小人，当时正在苏州城某一关卡征收关税。一卖瓜小贩，进城初已纳税数个瓜，卖完瓜回家时换米四升，又被抽税一升。小瓜贩痛哭反抗，恰逢义士葛成等人相助，将黄建节打死了。于是葛成的义声大震，相从的人更加多了。太守朱燮元认为，兵是用来抵御外寇的，没有采纳用兵镇压的手段，而是率领属僚亲临市区抚慰众百姓。葛成后来自请入狱，万人哭送，四方商贾慕其高义，赠送百金而葛成坚拒不受，后来人们在江淮之间为葛成筑祠堂敬奉，其义举为当地人念念不忘。

针对万历中后期以来国家财政危机和赋税、徭役等的紊乱和苛繁，吕坤坚持并积极推行张居正经济改革中的"一条鞭法"，强调了税法的稳定性，主张立石碣刻定本县乡里的差粮几百、几十、几两、几钱、几分，上地每亩粮若干、差若干，中下地仿照此法纳粮出差，百年不变动，在税粮的征收依据上，要以土地为主，而不是以人头为主。这都有利于赋税的公平，在一定程度上减轻了普通民众的负担。此外，吕坤还强调了赋税的公开性和透明度：每年的总数要公之于众，严禁额外再加派，违者依法是问。吕坤同情贫苦农民的生活艰辛，主张对他们要适当减轻赋税，鼓励他们开垦荒地栽树种田，前三年不征税；对一般的小商贾市民，征收赋银也要适当，不能过度贪残扰民而使他们连一点锥末微利都不能获得。赋税的不均，更严重地体现在官僚缙绅不但拥有优免特权，而且勾结地方官吏，用"诡寄"（将自己的田地伪报在他人名下，借以逃避赋役的一种方法）、"飞洒"（指地主勾结官府，将田地赋税化整为零，分洒到其他农户的田地上，以逃避赋税的一种手段）等手段，隐瞒优免额之外的田地，把赋税转嫁给穷苦农民。吕坤主张通过清丈土地核查出这些隐匿的土地而避免偷税漏税，同时也在一定程度上减轻农民的负担。吕坤批评了对豪强大户和乡官的优免特权过于泛滥，指出一县之中四境之内优免者占十分之八，纳税应差的仅十分之二，下层民众敢怒不敢言，这确实是天下一大不平等的现象。吕坤还就自己家乡宁陵县为例，指出优免过滥，二十余年间，优免从不及四百顷以至九百余顷，如此下去差粮又将怎么征收？势必落在了贫苦小民的身上了。吕坤曾亲闻一贫民因不堪各种赋役重负和催逼，后来投井自杀。吕坤为之潸然泪下，痛责说，这就是替官绅们包纳优免差粮而困穷无处诉说，最后却选择了这样悲惨结局的同胞。鉴于这种优免特权的泛滥，吕坤提出了相应的限制策略，诸如乡官无论大小，庄房无论多寡，只免本身住宅一处，乡间大庄一处，其余家丁伙夫等，都必须和普通农民一样编派赋役。

从嘉靖到隆庆前后时期，东南沿海遭受倭寇侵扰，海外商路受到影响，商业资本转成高利贷涌向农村。万历年间，这种境况愈加严重，官商勾结大放高利贷，掠夺财富，坐收暴利，富者愈富，贫者愈贫，这又从另一方面加重了农民的负担和生存的艰难。这些放贷者一本万利，穷困的人民到期无能力偿还则反复加算，利滚利犹如滚雪球，无力偿还者往往倾其家产，或以子女代之，有甚者以死偿还。吕坤深刻地揭露了放贷者残酷的特点，试看《戒放债》一诗：

> 从来设债放羊羔，一月三分律有条。
>
> 色低数短忒残酷，坐讨立逼是豪势。
>
> 拐你家财无尽足，当你房地那宽饶。
>
> 不杀穷汉安能富，也与儿孙留下梢。

这些放高利贷者，不论是官还是商，或者亦官亦商，皆通过高利率、低成色、仗势威逼等手段掠夺穷人发财致富。如此吸髓敲骨般地盘剥，榨干了穷人的膏血，使其盗亦死，不盗亦死，落草为寇也是不得已为之的出路。吕坤专门撰文为穷苦小民落草为寇的不得已辩护过，强调要惜民、爱民，首先要使民众能有基本的温饱，使他们能够生活下去，否则杀富济贫的寻求生存的绿林起义就不可能避免。他指出，不堪重负的高利贷也是一些穷苦小民被逼上梁山的原因之一。

吕坤严厉地揭露了高利贷是富人"不杀穷人安能富"的利器，深刻批判和抨击了高利贷的危害，规诫高利贷者仁慈向善而平借平还。这反映了吕坤对现实认识的深刻性和对民生的切实关注，这种思想和情怀是难能可贵的，但寄希望于高利贷者的自我道德约束却是无力的，这对于处在那个时代的他而言也是无可奈何之举。

"养民"的经济调整

吕坤的养民主张颇具特色，一方面是他的民本思想理论的具体体现，另一方面则是基于现实状况对经验事实的深刻分析。就其特色而言，从明清之际儒家思想的转移视角来说，吕坤的养民思想当是明清以降儒家的注意力从政治转向社会，藏富于民的富民论的先声，就儒家思想内在的发展而言具有极为重要的意义。

孟子曾讲过："民之为道也，有恒产者有恒心，无恒产者无恒心。"人心，是国家的命脉，要使民有恒心必使民有恒产，因此要重视养民，最起码的是要保障其有生存的基本条件。吕坤提出的以清丈土地为核心的改革，就是要在一定程度上限制和抑制土地兼并的恶性膨胀，就是要维护和基本保障小民能有自己的一亩三分地。鉴于现实中敲骨吸髓、涸泽而渔的严峻赋税状况，吕坤注重惠民，认为使民能有哪怕锥末微利可图也是养民的重要内容。孔子曾感叹"苛政猛于虎"，主张"养民也惠，使民也义"，就是要使民众得到实际的利益、好处，动用民力也要出于公义而不能为了私利肆意奴役、驱使。吕坤建议要轻徭薄赋，反对高利贷，不与民争利，他在赋税和徭役上的"均平"思想和主张，以及对高利贷危害的揭露和批判，都是要求、告诫统治者不能苛繁盘剥、榨干民脂民膏而不养民，因为此举势必会影响到经济的发展和社会的安定。

"农本商末"也即重农抑商是古代中国传统农业社会里的基本经济原则，故而发展农业是养民的基本手段。农业是整个社会稳定的基础，是立国之本，发展农业自然成为历代王朝为政的基础。吕坤很重视农业生产的发展，认为这是养民、惠民、富民的根本，同时也是地方官员的基本职责。他曾写有《劝重农》诗：

> 天王二月便亲耕，第一生涯是务农。
>
> 地少粪多三倍利，禾少草净百分成。
>
> 人勤休靠觅中觅，牛壮还加功外功。
>
> 收得多时休浪费，口那肚攒备年凶。

吕坤劝民要勤耕细作，还要注重农学知识的普及，提倡相时相地制宜、科学耕作和管理。值得注意的是，吕坤还大力鼓励民间种植经济作物以富民，他有《劝栽树》诗一首：

> 栽树没人肯耐烦，那知树下也宜田。
>
> 核桃梨柿般般好，榆柳桑槐样样堪。
>
> 典卖也能应急曾，叶皮常是救凶年。
>
> 路边地界家墙外，多种些儿有甚难。

吕坤重视农业的生产和发展，强调要保证农时，反对政府在农忙时加派各种劳役，干扰农业的正常生产，同时还主张兴修水利推动农业的进一步发展。农业是根本，应肯定的是从富民的角度出发，吕坤能求真务实，不恪守陈规，鼓励发展经济作物。

明中叶以来，由于工商业的迅速发展，工商群体已逐步发展成为一支不可低估的力量，其社会作用也愈加显著，儒家重农抑商的传统原则也因此不得不在新的社会现实面前有所调整。吕坤从现实现状的分析角度出发，鼓励民间发展工商业，认为这也是实现养民的重要手段。吕坤认为士农工商都有养民的方式，都有助于经济的发展，主张政府鼓励和督促民间的工商业发展。

前面已经谈到了吕坤很注重民间基层社会组织的建设，他的乡甲制也是其养民思想具体实践的体现。就乡甲制而言，就是将移风易俗的道德教化和缉奸禁盗的安民实务相结合的养民举措。吕坤的乡甲约制度在一定程度上就是为基层农村社会建立了一项社会性的保障和福利事业。吕坤倡导兴复社学，还破天荒地提出选拔一批贤良端正的人通过培训和考核作为师资，分配到各处社学，建议官方扶助贫困学子，通过通俗化、多样化的方式教化民众，实质上这正是一项养民的长效性方略。传统的农业社会里，社会生产能力和技术能力相对低下，因而抗拒天灾的能力也十分有限。吕坤从政多年，对灾荒给人民群众带来的困苦和灾难有着切身和深刻的体会，因此他很重视救荒工作，在这方面的未雨绸缪的建设性工作很出色。吕坤主张各地普遍设立会仓和建立社会抚恤事业，以便达到赈灾济贫、抚恤孤残的"养民"目的：重视积贮，一旦遇到灾荒年便能"家家有救命之资，人人有备荒之策"；建立"养济院""冬生院"，存恤、收养鳏寡孤独废疾的人，使他们都能得到基本的生活保障。此外，鉴于明初于府州县所立医政的缺废，庸医横行的现实，吕坤很重视民间医疗工作，主张振兴医教，将其纳入养民的举措之中。他一方面重视医学典籍的整理，鼓励医生专一而精的医学学习；另一方面重视医学人才的培养、引进和医学、医疗知识的普及。在整顿地方医疗事业秩序的同时，吕坤强调政府要经常关心民间疾病流行的情况，及时寻求治疗的对策，尤其是荒年时瘟疫颇多，要配备专医及早诊治。关心民众的身心健康是吕坤乡甲制等基层农村制度中"养民"的重要内容，很有特色。

吕坤"均平""养民"的经济调整和改革思想，既是儒家传统民本思想的延续和发展，也是在明中后期以来基于社会现实政治、经济形势的转变而引发的儒家思想转向民间社会"移风易俗"的一种新发展的体现。

第6章

"我只是我"：一介实儒的真精神

"我只是我"，这是吕坤对自己一生的真实写照：既是他特立独行个性品质的凸显，也是他求学、治学贵"自得"的独立性宣言，更是他求真务实处世、经世的人生态度。吕坤一生之性情，既至孝至情以推及先天下之忧而忧，也刚介峭直以推及后天下之乐而乐。反映在他为学、为政方面，突出的特点就是不隅于褊狭而特立独行的"我就是我"，为学尚自得以就"正学"，为政不屈势以求"实政"。吕坤求真笃实、学以致用的人格风范与淑世精神，确为明清之际批判理学末流、时政弊病而诉诸经世致用之学的先声。

吕 坤 自 评

吕坤自谓，起初给自己取字"顺叔"，后改字为"简叔"，取意于《易》"坤以简能"。吕坤认为，"简者，造物之初，至道之精，万物之命，万事之府"，是天道造化、万事万物的本然之性。坤以简能，"地势坤，君子以厚德载物"，得之则可以御天下、养身心。"简"是人生天地间的一种至妙境界，是道德崇高、超凡脱俗、顺应自然之"至人"的独到造诣。吕坤以意简、语简、事简、欲简、知务之简为处世箴言，即以"简"养德、修身、知务、经世。吕坤很重视自我的勤修身、简（俭）养德，又自号"新吾"，即有"去新后之旧，还旧时之新"以复归纯然本真的道德修养蕴意，诚如他作的《新吾箴》云，"有天地时便有吾，则吾者，旧吾也。自吾生，而旧者新矣。身新而洁，心居新身而未变，是吾新乃吾旧也。情窦开而吾身与吾心俱染矣，日开则日染矣。至染日积，忘其为染，遂若本来时。嗟嗟！兹不知其为何如人？以为旧邪，非吾旧时旧矣；以为新邪，非吾新时新矣。余将去新后之旧，还旧时之新"。

可贵的是，吕坤重视自我磨砺、修身养德，不是局限于埋头故纸堆的经卷研习里，而是致力于在各种生活方式中自我实践磨砺。吕坤"学颜子之学"，体悟颜子在陋巷而乐仲尼之道；"志伊尹之志"，践行伊尹耕莘野（有莘，古国名。伊尹初隐之时，耕于有莘之国，后以"莘野"指隐居之所）而乐尧舜之道。他说，"天下万事万物，皆要求个实用"，为学有致于用，才是实学实用。吕坤既反对空谈性理、不痛不痒的空疏无用，也反对埋首经卷、醉心功名的褊狭迂腐。故而，吕坤能严于反躬自省、自律修身，如他在《身箴》中言及"扩那浅狭底心，定那浮躁底心，降那骄傲底心，止那贪求底心。恩没多施了底，活没少说了底，事没错忍了底，心没过慎了底"，又能于仕途之中摒绝世态而心系民生，如在《仕箴》中言及"民饥而我粱肉，如茹荼毒；民寒而我裼裘，如披荆棘；民愁而我歌拍，如闻喑咽；民劳而我安闲，如在痈瘵。既云父母，与儿女同甘苦，若痛痒不相闻，此何异于路人？"因此，他主张广布仁恩于万姓，留取清白于来者。吕坤积三十年心血成就的《呻吟语》，讲述的就是他对亲历亲闻的社会、政治、世情的体验，以及在批判与自我批判中而执着于对真理的不懈求索。他在该书的序文中说："呻吟，病声也。呻吟语，病时疾痛语也。三十年来，所志《呻吟语》凡若干卷，携以自药。"鉴于病语狂，不敢以其狂者惑人听闻，因而"择其狂而未甚者存之"。这是他对人世间冷暖沧桑、宦海沉浮的独特感受，也是对个人、人生、国家以及天地宇宙的各种现象的独到见解和认识。书中反思和批判的求实思想和精神贯穿始终，多有精辟之见，读其文如见其人。

吕坤不仅自己以"学颜子之学，志伊尹之志"为座右铭而终身践行，也鼓励后进者打破世俗世界中竞奔走于世态而不念民生的熟套陋规，主张能"以伊尹之所志为己任，以社稷苍生为己责"。吕坤自谓"薄命拙人，短于谋身而长于忧世"，晚号"抱独居士"。冀一生实学有志于实用，但时运不济，晚年的吕坤慨叹："今已矣！欲有所言，竟成结舌；欲有所为，竟成斋志。"他只能怅然"卷独知之契于一腔，付独见之言于一炬"，祈望"将一寸丹心献之上帝，任其校勘平生；将两肩重担付之同人，赖其挽回世道"。《老子》中言："知我者希，则我者贵，是以圣人被褐怀玉。"吕坤所号"抱独"，既有对真才实学之人命运的慨叹，也是对不拘一格降人才的期望，或许于《抱独》一诗中也可窥其心意：

> 骊龙有隐珠，终日惧批鳞。
>
> 鲜鲜翡翠羽，安能保其身？
>
> 薄命乃多才，高名与祸邻。
>
> 欲求怀玉者，当是被褐人。

吕坤特立独行，是一个求真笃实的儒士。他自谓平生不贪财、恋位、好名，秉公尚实而摒私去伪，勇于担当，于己"一身罪过都是我心承当"，于公"两间罪过都是我身承当"。同时，他在学术上熔铸百家、多有创见，故而他也是一个极具批判精神的实学经世的儒士。

实学批判的"真精神"

"我只是我"既是吕坤特立独行、为人处世的个性体现，也是他为学不偏一隅而贵"自得"、求经世致用的独立性宣言。这反映在他学术上，具体体现在，一方面敢于打破传统、不迷信权威，破除门户之见、熔铸百家，坚持了理性主义的批判精神；另一方面是极为重视学以致用，高扬了经世致用的实用主义精神。

实学的"真精神"

吕坤认为，作为一名学者，首先是要"做人"，也就是必须保持独立的人格，在学术上坚持自己的主张而不随波逐流，原则是"此心果有不可昧之真知，不可强之定见，虽断舌可也，决不可从人然诺"。吕坤反对踩着别人的脚跟走，也不主张一味跟着圣人走，提倡各人走各人的路。他在思想成熟期间著《呻吟语》时就自称："我不是道学，我不是仙学，我不是释学，我不是老庄申韩学，我只是我。"晚年注述《阴符经》时再次体现了他的这种为学方法和精神，他自述"余注此经，无所倚著，不儒不道不禅，亦儒亦道亦禅"。吕坤批评说，自有《阴符经》以来，为之注疏者不啻百家，但都偏执于或儒或道或禅一家之见，如此反倒使三方面的见解都有偏失，也就不能充分体现出该书熔铸诸家学说的"真精神"和切实功用。吕坤很是赞赏宋儒张载"民胞物与"之说，认为能说出这一番话自然是胸中当下即有这般视"民，吾同胞；物，吾与也"的痛痒之心，不然只是做戏一般了。他主张天下事只是要心真，真学才是真正的实学；假若一生了悟性命、洞达天人，而不关心国家之存亡、百姓之生死、身心之邪正，这只能造就一批迂腐、虚伪之徒。吕坤所坚持的儒学"真精神"，即如张载所言的"为天地立心，为生民立命，为往圣继绝学，为万世开太平"，是兼具"内圣外王"而合一的救世精神。也正是这种济世利民的求真务实态度和坚持真知灼见的实学精神，使得他能勇于冲决传统弊规时套，批判百家，力倡经世致用之学。

　　吕坤力倡实学，反对靡文淫巧的风气。他认为天下万事万物都求个实用，这与个人的身心修养息息相关。他认为，作为一名儒者，当下的急务不专在谈性理、天命，讲玄理、阴阳；真正的儒者，须投身于能建功立业的学问，即真正的学问，这既是急务也是难事。吕坤指出，古时强调的"格致诚正修齐治平"八大进学纲目合起来一起作，其实"格致诚正"修养身心的目的就是作用于天下国家。因而，他毫不客气地批评当时的一些不良学风，斥责某些学者拾人牙慧余唾，空谈性命玄理，"念不及民物，口不谈经济，学不本诚敬，心不存惕励忧勤"，无疑是"为晦夜布浓云，砌康庄为鸟道"，于世教毫无补益。即便是聚会讲学，也不过是理会古人多年来的卷宗，拾将起来详加研磨，深入探究，没完没了，终究不过是在"性理书上添了'某氏曰'一段言语，讲学衙门中（又）多了一宗卷案"而已。当其身入仕途也只是一介迂腐之儒，唯一利处也仅是成就了一己之身的私德罢了，于世功亦无补益。因而吕坤提倡，"非常道不由，非日用不谈，非实务不求，非切民生国计不讲"。吕坤对平时袖手空谈性理、狂放恣肆的人，皓首穷经、书痴不化的书呆子，以及全身心醉意于功名利禄之中的人深恶痛绝，因为这些人全然不尽心于甚至无知于"治国平天下"的经世事业，一旦面对严重的社会现实问题乃至攸关存亡的危机时，不是空发牢骚、束手无策，便是不痛不痒、退避三舍。吕坤所持经世致用的批判武器，确实是"先天下之忧而忧"的深思远虑。明亡之际即有《甲申殉难录》中某公诗曰："愧无半策匡时难，只有一死答君恩。"吕坤对这种空疏、迂腐学风的批评，实为明亡后处处可闻可见的讥刺明儒"平时袖手谈心性，临危一死报君王"之先声。这也充分说明了自明中后期以来确实存在严重的学风问题。诚如吕坤所指出的："世之病讲学者，其学有二：曰伪；曰腐。伪者，行不顾言；腐者，学不适用。"此即批评伪儒言行不一致，说得头头是道，行为却与之相乖；批评腐儒纸上谈兵，虽口若悬河、天花乱坠，一旦临事，束手无策。吕坤认为，"宇宙之内，一民一物痛痒，皆与吾身相干"，因而使得天下万物能相安相养、各得其所，也是每一个人的本分、职责。吕坤所强调的是实学实功、经世有为的精神，批评的是终日碌碌只为一己之私而将圣贤垂世立教之意，也即将合内圣与外王于一的价值追求辜负殆尽了的不实学行。天下事只要个心真，有着一颗着痛着痒、求真务实的真心，建业立功对于真正的儒者又何尝是一件难事！唯真求实、经世致用，这是吕坤投诸各方面批判的武器。

经学批判

吕坤首先（注：这种排序仅为叙述方便，下同）将批判的目光投向了经学。经学是我国思想文化的源头，在文化史上占据着极为重要的地位。自汉代以来，一些儒家学者与统治者的合力使得经学越发教条化，同时兼具神圣性与一定的法律性。学术与权力联袂形成了一张坚而难破的网纲，自然严重地束缚了学者们的思想。吕坤曾就经学的权威及教条化弊病有所描述，指出对经学敢于质疑者、意欲冲决者虽颇有人在，但终在被冠以"诋诽先贤、变乱成法"的罪名中销声匿迹了。尽管如此，吕坤还是本着唯真求实的态度，提出了自己对经学的独立看法和观点。吕坤赞赏自得学问，目的就是不要踩着别人的脚跟走。他对株守秦汉以来的见识而与人争论不休很是不以为然，认为学识应当从三代以上而来，甚至提出"越过六经千圣"直接体悟天道的方法。在吕坤看来，道是天下公共之理，既具有至上性，也具有世俗性，是人人都有份的，不仅圣人对道没有垄断权，也不能将经书直接与"道"等同划一，这即是他提出的"道不自私，圣人不私道"与"言语者，圣人之糟粕也。圣人不可言之妙，非言语所能形容"命题所蕴含的内容。这既体现了吕坤不恪守圣人、经书的离异态度，也体现了他对言语局限性的洞见，以及对后人必有度越前人的创新能力的肯定。鉴于此，吕坤深刻批判了汉宋以来解经诸儒，他们泥文拘字，破碎牵合，不近人情，不合物理，偏失于天然自得之趣、本然自在之道，反而成为后世学者为学的藩篱。言不尽意，经书之文并不是天道的穷尽。在对经书的处理方式上，吕坤也有自己的独到观点。一是"穷经"，就是所谓的文本研究，重视的是对文本的注疏、考据，力求逼近真理；一是"引经"，就是所谓的义理诠释，重视的是对文意的阐发、广义，海阔天空而有所破界。吕坤指出，能"穷经"则使理益加精细，能"引经"则使理愈加通畅。从求真的角度来看，吕坤并不排斥"穷经"，但他更青睐"引经"，曾明确提出对经学可以"断本章而取他义"。这种不循规蹈矩的"破界"式经学态度大有"六经注我"的风格，其更深层的现实意义是使学术能有功于经世致用，进而对当时僵化、空疏学风的批判。

吕坤对《春秋》是非观的质疑即是一例。司马迁说，"孔子厄而作《春秋》"。孔子生逢变革之世，身处困厄之时，所编订的《春秋》句词质简，字字针砭，其微言大义的风格被称之为春秋笔法，该书也成为代天讨罪之书。但吕坤就《春秋》"是非其是非而讨之"，意即对《春秋》所秉持的是非观本身提出了质疑。吕坤认为，是非之权大于天、大于君，而《春秋》代天讨罪，可谓之为既定之天，扮演有天之天的角色，但《春秋》因犹有徇爱憎之情而有所私，亦因犹有趋避毁誉而失于公。也就是说，《春秋》的微言大义，字字针砭的是非并没有完全做到求实唯真、公而无私，因而就其是非本身的质疑是可行的。朱熹曾著《资治通鉴纲目》，因具有一定的经典意义，被比拟为《春秋》，后人对此噤若寒蝉，莫敢质言，吕坤却撰写了《纲目是正》以纠其错失，认为朱熹宗奉、拘泥孔子笔法而仍有所避讳，自然失去了对历史本因无所忌讳的真义。

再如，吕坤对"三礼"的态度，尤其是针对《仪礼》中一些烦琐、褊狭的礼仪制度提出了批评。中国素来谓之"礼仪之邦"，诸种"礼仪"在封建时代的中国都具有维护等级制度和社会统治秩序的基本作用，并被制度化乃至法典化。于是"礼"在一定意义上就是"法"，但本质上传统中国依然是"人治"社会，并不是现代意义上所谓的法治社会。老子《道德经》有言，"为学日益，为道日损"。吕坤不可能否决等级制度，当然对礼仪制度也并不是全盘否定，只是对因偏执于烦琐、貌似于近古而使之流于形式主义的礼仪提出了批判。他认为偏执于绝对、烦琐的礼仪不仅起不到规范、调节个人、人与人、人与社会的作用，反而严重地压抑和束缚了人的情感和个性，也就失去了创制礼仪的初衷。吕坤认为制"礼"本于"人情"，人"情"本真、本自然。因而，礼仪过于烦琐必使情脱离自然，进而导致种种违背常情之事发生，许多事务流于形式主义，以文饰情反而不近人情，乃至必丧真情。吕坤晚年曾针对朱熹的《家礼》作《四礼疑》，对宋儒"不察礼之情"而使之愈加烦琐提出了诸多批评，主张礼要本之于真情、自然，要去繁就简。吕坤还对当时解说《中庸》《易》流于神秘主义的风气给予了批评，称为"晦夜添浓云"，主张要"似青天白云"，也就是要用理性的、开放的视野来看待经典文本，注重其常识性和实用性，而不是沉溺于奥妙玄谈。这种勇于冲决经典教条束缚的学术怀疑精神是难能可贵的，于彼时经学藩篱有很强的冲击力，于当下也有深刻的鉴取意义。

诸子学及释道二教批判

吕坤接着对先秦诸子学说以及释道二家学说提出了自己的看法。诸如他把老子的"不见可欲，使民心不乱"称为"闭目塞耳之学"，认为这种对"可欲"之物视而"不见"、听而不闻的逃避主义无疑有些掩耳盗铃、自欺欺人的意味，真正的圣贤功夫正是在"可欲"上做到了"把持"乃至"两忘"。这充分体现了吕坤对人欲的关注和思考。重视人欲就得关注人的当然之则（社会规则），如人伦、事理等社会性因素。但人类群体的社会性和自然性是不可分割的统一体，其自然性，即自然法则必然不可忽视。吕坤批评了庄周、列子不尽人事而一任自然的观点，责难道，如舍弃了人类的社会性，人类何以成为人类？在吕坤看来，理是当然（人伦）和自然（物则）的统一，"理所当为则自强不息，所不当为则坚忍不行"，就人类社会而言，当然之中已经预设着人为的自由（自然），因而真正的圣人之道是，"只说个当然，听那个自然"。也正是在这个意义上，吕坤严厉批评了那些隐逸之士，"洁身娱己，弃天下理乱于不顾"而遁世逃避，虽自命不贪恋荣华权位而一任自然，但于事无补。吕坤虽致力于恪守儒家正统之说，但其治国济民立足于求真务实而不墨守成规，认为儒家王道之治也是融合了数家之精华，诸如申不害、韩非的刑名之学也是王道之治综合体中的一部分，不可偏废。吕坤在政治思想上并不排斥法家，对管仲、范雎、苏秦、张仪等所谓的"下等事功"也极为肯定，认为他们"趣向虽不正大，手段都是现成"，但确确实实都拿得起放得下，作出了相应的成就。

吕坤对经学及诸子是以一种开放式的态度来评述的，批评、肯定之间更多的是吸收，也正是有这种熔铸百家的气度，才使后人称他学术上多有创见。吕坤在学术上也很重视正统和异端之别，自然对释道二教之学也多有评述，但他坚持的批判武器仍是求真务实、经世济民，用他自己的话说就是"明体全为适用"。吕坤从多角度评判了儒释道三教的相异：在本体论上，儒家讲一，一即理，理无形而蕴含于气之中，本体实理实存，释道两家也讲一，但一之上有无，无着无落，本体归空蹈虚；在方法论上，儒家体用不二，重在用一，释道两家只是守一；在修养论上，释道绝情去智，出世离伦，是要灭绝人的一切欲望，儒家却是要以理摄欲，使之合乎不偏不倚的"中道"。吕坤认为，"天理人欲，同行

168

异情；道心人心，本同一贯"，没有人心不可以为道，离却人心也不能见道，道心寓于人心，本人情才能求得天理。因而，他批评了释道二教专一留心于道心而去人心，灭绝百欲而归于无欲，也就是绝情去智、出世离伦。吕坤肯定人情、人欲的正当性，但反对纵情、纵欲于声色货利。他认为，在修养方法上，儒家注重敬义夹持、内外兼修而随时用功，即于日用常行中随时随处体贴、领悟，佛教则脱离日用，瞑目端坐，却在禅定、顿悟之中归于空寂。在这方面，吕坤认为身心的修为只能从其邪正方面下手，如果不论心的邪正而仅谈心的出入，就易于滑向禅定之学，失去了实存的本根。当然，吕坤对释道二教的批判并不是绝对的，他也能在异中求同，汲取其中有益的养分。吕坤肯定了儒家的节欲观和释道的无欲论在境界修养上的诉求可谓殊途同归、百虑一致，有相通之处。再如吕坤在为学功夫上对"静"的肯定，在礼仪制度上对"简"的主张，诸如此类都蕴含有一定释道思想意味。

理学批判

不过更应值得我们关注的是，吕坤对学术求实务实的批判精神更多地体现在他对理学的批评上。吕坤的主要思想前面章节已经大略叙述过了，他批评理学并不是反对理学，在思想体系归属上可以将之划入程朱学派范围内。因而，吕坤批评理学从本质上来看，仍然是理学内部学术径路分歧的问题；从意义上来看，其现实批判大于学术批判。吕坤曾强调过："有异端之异端，有吾儒之异端。异端之异端，真非也，其害小；吾儒之异端，似是也，其害大。有卫道之心者，如之何而不辩哉?"如此看来，吕坤对理学的批评是从经世致用的现实基点出发的。就理学内部而言，吕坤批评的是程朱、陆王诸学派末流的那种僵化、迂腐、空疏、放浪的"异端"学风，指向的就是那些"学不适用"的"腐者"以及"行不顾言"的"伪者"。

前面已经提过，吕坤认为学术如果不关心国家之存亡、百姓之生死、身心之邪正，只管信此驳彼、服此辟彼，抑或横说竖说、聚讼无息，即使汗牛充栋也只不过是使讲学衙门中多了一宗卷案，使陈旧卷册中多添了些故纸。也正是在这个意义上，他批评汉代儒者粗浅世俗，尤其是魏晋玄学"清空自贤，著色为污；口吻相高，犯手为俗"，结果导致"人废职业，家尚虚无，不止亡晋，又开天下后世登临题咏之祸，长惰漫放肆之风，以至于今"。吕坤特别指责了当时学风"不归陆则归朱，不攻陆则攻朱"，不是相互标榜门户，就是拾人牙慧，完全脱离了攸关社会现实的"今日急务"。吕坤一反宗派、门户局限，于纷繁聚讼中自觅路径而提倡学贵自得，因而他的自得之学特色并没有流于褊狭或独断，而是在开放、融合中归于求真务实。

吕坤对宋儒周敦颐的"圣人无欲"观点提出了责难，认为"欲"只有公私之分，并没有有无之别；圣人可以说是大公无私，若说无欲则会坠入释道二教之中。他还批评了程颐的人性论不透彻，有将天地之性与气质之性对立为二的缺点，推崇程颢的性是天地之性与气质之性的统一的观点。他认为，意即善是性，恶也不可不谓性，天地之性寓于气质之性，气质之性并不就是恶，恶之所以为恶，是气质之性的偏失所致。吕坤对张载的思想多有汲取，他极为赞颂张载"民胞物与"实心实作的思想。他还就朱熹的"圣人生知安行，更无积累之渐"的理学观点提出责难，认为圣人自有其自身的积渐，只是不为一般人所测知而已，并非生而知之。

吕坤与之交游并批评最多的是阳明学派中人。前面章节多有提及，如"北方王门"的孟我疆、杨东明，"江右王门"的邹元标，"浙中王门"的张元忭，以及学宗阳明的孙丕扬等人。对以上人物批评的观点此处不再赘述，这里仅简述吕坤从学理上对王学的一些批评。在本体论上，吕坤将批评的锋芒直指王学的"良知说"，认为王阳明所说的"良知"是在情上立脚跟，是把意念发动的端绪认作了根本，也就是在萌芽上着力，倘若本枯根断，还有什么"良知"可言？就其功夫论而言，吕坤认为阳明学的"致良知"也仅是用力于离弦之箭，即使能发见"良知"，然而没有根本，其结果也只能是随发随散了。在人性论方面，吕坤批评了王阳明所谓的"至善者，心之本体"，意即良知就是人的本性，良知是至善的观点，认为现实实存的只有"气质之性"，是有善有恶的，"天地之性"（抑作"义理之性"）虽为人性的根本，但不能脱离气质之性而谈抽象的义理之性，倘若没有气质，只是一个德性，人人岂不都是生而知之的圣人了？吕坤认为情（良知）之上有性，性之上有天，以天为道，道之大原出于天。他这是运用程朱的"理本论"人性观来批评王阳明"心本论"的先验的道德本体"良知"的，势必存在着很大的误解，将王阳明的"良知"等同于"情"就完全误读了王学最基本的概念。尽管吕坤对王阳明之学的批评存在很大的误读，甚至降低了其理论深度，但其批评更多倾向于对理论认识的去神秘化，倾向于对修养功夫的可把握性和可操作性。这一点鲜明地体现在吕坤对王学"知行合一"观的批评上。王阳明反对朱熹的"知先行后"观点，认为这是将知行分作了两件，也就是将道德认识和道德实践割裂开来了。因而，王阳明提出"我今说个知行合一，正是要人晓得一念发动处便即是行了"的"知行合一"观点。王学的知行观立基于其"致良知"之说，将人的道德认识和道德实践关

172

系问题从（客观）外部世界扩充到（主观）内部世界，赋予了"行"新的内涵，即"一念发动处"，也就很高妙地解决了知行的对立统一问题。当然，理学中的知行观有其特定的讨论范围，重视的是伦理生活的问题，并不是泛指人的一切行为或社会实践。在这个意义上，朱熹的"知先行后"讨论的是行是知的现实，行必须接受知的指导，这在伦理生活中也是有其合理意义的。吕坤对王学的知行合一论不以为然，认为这种观点是知行不分，抹杀了知行的分界。吕坤指出："工夫就是两项。""知是一双眼，行是一双脚。知也者，知所行也；行也者，行所知也。知也者，知此也；行也者，行此也。"他的知行观在强调知行即道德认识和道德实践的主客观区别（或谓之"对立"）的同时，在主观见之于客观的过程中实现了知行的统一。吕坤的这一辩证的论证确实非常精到，"工夫就是两项"，但知行"原不是两个"，是理学知行观在理论上的进一步深化，更彰显了其求真学、重践履的精神。

此外，吕坤对明中期以来王学后学中的空疏放浪者给予了尖锐的批评。他批评王阳明的门人周伯时说，"刻意讲学，尚是傍人脚跟走，无一副自家天趣"，所谈内容也多是天道玄理，不能接引后学。他批评王阳明门人泰州学派的王艮，说他"每以乐为学。此等学问是不曾苦的甜瓜。入门就学，乐其乐也，逍遥自在耳！不自深造真积、忧勤惕励中得来"，认为为学如此刻意学乐，易使心念散失难收，势必流于猖狂自恣。他对李贽的"童心"说批评得更加尖锐，认为"童心是作人一大病"，"童心、俗态，此二者士人之大耻也。二耻不脱，终不可以入君子之路"。李贽提出的"童心"就是真心，即所谓的"一念之本心"，实质上是个体真实感受和真实情感的"私心"的体现，而这个"私心"恰是个体心之真、人之真得以成立的依据。李贽的"童心"彰显的是个体"私心"内在真实的情感和欲望。吕坤将之视为声名、货色，等同于种种俗态而加以严厉批评，这也反映了他在学术思想上的局限性。尽管他力主打破各种形式主义或教条主义的羁绊，但维护正统的卫道意识使他在冲决藩篱的路上较之王门后学所行并不远。

吕坤力图突破经学藩篱，评判诸子百家、释道二教，批评理学末流，一方面旨在求真学、实学以维护正统之学的纯洁性，另一方面则熔铸百家、博综贯通而自得其学。吕坤的实学批判体现的是一种求真、求实、开放的、融汇的理性精神。他评估众学并不是要一言独断，而是冀望皆得纯正自然，各鸣其声。吕坤主张："万籁之声，皆自然也。自然，皆真也。物各自鸣其真，何天何人？何今何古？六经，籁道也，统一圣真……故见各鸣其自得，语不诡于六经，皆吾道之众响也。不必言言同，事事同矣。"可见，吕坤主张百家争鸣，"各自鸣其真"，主张自得为宗，"各鸣其自得"。他曾自谓，"不儒不道不禅，亦儒亦道亦禅""我就是我"。吕坤的这种为学精神对于打破学术垄断有着积极的意义，同时在思想上也潜隐着打破传统羁绊的启蒙意义。

无神论及历史发展观

最后，谈谈吕坤立足于求真学、实学而高扬的理性主义批判精神在其无神论思想及社会历史发展论方面的特点。吕坤的无神论思想继承了王充的"人之所以生者，精气也，死而精气灭"，以及范缜的"形存则神存，形谢则神谢"的传统，并坚持用理学元气聚散的学说解释人的生命现象，提出"形神一息不相离"以及"气存则神存，气散则神灭"的观点，从理论上得出人死并不为鬼神的结论。吕坤指出世俗社会中的鬼神迷信思想实质上是一种虚妄的认识，这种认识的根源在于人对生死运动现象神秘莫测的心理恐惧。这里仅录吕坤《反挽歌》诗二首再作说明：

万物生两间，积苑无重数。

各欲遂生成，天公良亦苦。

域中只一世，泉下销千年。

惟有代谢法，消息此逆旅。

成功不肯去，来者无缺补。

吾生行已休，何必恋此土？

一气那不容，行行归故所。

（此篇言：老者不死，生者安容。）

有形无不毁，乾坤竟若何？

彭殇垂尽时，回顾不争多。

况此血肉躯，仙佛亦消磨。

帝王与贤圣，抔土也嵯峨。

一气为聚散，环转更无他。

安知来生人，不从今世过？

如何恋革囊，临终作挽歌？

所愧在人间，百年空蹉跎。

（此篇言：有必归无，死何足悲。）

吕坤崇尚真实、理性，反对虚妄、迷信，对世俗社会中风行的风水、卜筮、灾祥等迷信活动也给予了深刻揭露和批评。吕坤以为阴阳、谶纬征应某灾祥、福祸是汉儒的穿凿附会，这是一种极为迂腐的思想，并征引史实力批风水迷信欺世愚人，"彼布衣而得天子，其坟何应？乃天子世世择地，终亦革命"。吕坤指出，"死生有命，富贵在天之说，皆荒诞而不情"，强调"造化之权在人，天将安用？我闻为恶降殃，作善获福"。尽管在吕坤的思想中并非完全摒绝"神道设教"在道德教化上的作用，但他始终能坚持用儒家的道德理性主义态度来看待问题、解决问题，对世俗迷信给予批评，强调人自身的主体精神，凸显的是一种"我命在我不在天"的个体道德自我修为理念和能动精神。

在社会历史发展观方面，吕坤反对泥古不化、固守传统，提倡因时顺势、社会变革；反对是古非今，肯定今人自有精于古人处。吕坤认为社会历史是不断向前发展的，人类的文明和生活习俗也在这个历程中不断进步，因而主张顺应时势，采取相应的社会变革。但他认为"变法者变时势不变道，变枝叶不变本"，并不主张从根本上进行社会变革。事实让我们看到的是，他所主张和践行的变革也仅是在不触及封建专制统治的根本体制范畴内进行的，变是为了不变，本质上甚至更倾向于维护这一专制统治体制。尽管吕坤反对是古非今，但在社会道德史观上，吕坤认为这一历史进程呈现的是一种退化的趋势。他指出："三皇是道德世界，五帝是仁义世界，三王是礼义世界，春秋是威力世界，战国是智巧世界，汉以后是势利世界。"吕坤身处一个变革的时代，体现在其身上的思想多有矛盾、徘徊的特点也不足为怪，这既是一个思想家应有的思想敏感性的体现，也恰是那个时代的时势变化在他思想上刻下的深深烙印。

后人评述及其影响

　　吕坤一生经历了明代嘉靖、隆庆、万历三朝，这一阶段正是明王朝由盛而衰的转变时期，也是中国历史在漫长循环渐进的过程中发生某种转型的活跃时代。吕坤作为一个有抱负的政治家和思想家，他的一些政论和思想很具有现实批判性和一定程度的历史前瞻性，其进步的思想在当时及后世都产生了深远的影响和意义，这里仅简要叙述一二。

　　吕坤为人求真，为学求实，为政求治，秉承儒者理想的人格精神，坚持儒家理性的经世精神，尽管身处封建集权专制统治日益强化的时代，但在学术上不盲从经典、权威而贵自得，在政治上不屈从于权势而主张"以理抗势"。他的这种勇于寻求真理、坚持真理的独立人格精神是难能可贵的，也是值得发扬传承的。但在封建时代的中国，吕坤的这一思想也为人所批评。清代著名学者焦循在其《论语通释》中就有直接的批评："明人吕坤有《语录》一书，论理云：'天地间惟理与势最尊，理又尊之尊者也。庙堂之上言理，则天子不得以势相夺，即相夺而理则长伸于天下万世。'此真邪说也！孔子自言事君尽礼，未闻持理以要君者。吕氏此言，乱臣贼子之萌也。"

焦循以"事君尽礼"批评吕坤"以理抗势",这种言论在焦循所处的历史阶段(康乾盛世下的清王朝)有其存在的合理性。清王朝自康熙、乾隆以来就极为重视政权向文化领域的渗透,积极主动地登上文化的舞台,有意识地推动了治道(治统与道统)的合一。康熙帝曾言:"朕惟天生圣贤,作君作师,万世道统之传,即万世治统之所系也。"治道合一的文化政治策略使清王朝的统治者在专制统治上取得了近似完备的成就,也使得儒家自恃承担的传道责任以及对政治的批判力被解除了。因而,焦循的言论恰能说明这是一个治统与道统合一的十分专制的时代,儒者、儒学本应肩负的批判力被削弱了。在历史上,自孔孟以来真正的儒者都坚持"道"对政治的导引、监督作用,道统象征着儒家的文化权力,是用来评价政府政治体制合法性及其运作能力的标准,"道"独立于"治"之外,具有监督政权、制约专政的政治意义。吕坤的思想则是真正地继承了孔孟以来儒家道统所承担的政治批判功能,在这个专制日益极端化的时代,吕坤对真理与权力之间关系的认识确实有些不合时宜,但当这个专制时代走到穷途末路之时其真正的意义自然就会被发掘出来。

但更多的是对吕坤学宗自得,力求经世致用的肯定,其进步的思想对当时及后世都产生了积极的影响。万历二十六年（1598），吕坤六十三岁，时任湖广监察御史的赵文炳在汇集校刻《吕公实政录》的序文中，对吕坤的思想及为政特点给予了很高的评价："吕先生天中大贤，得伊洛真传。所著《呻吟语》，发明六经、孔孟之学，天德王道，渊源于中。居恒慨然以天下为己任，一念民物胞与，真可盟幽独而格鬼神者。比其在铨部也，操人伦之鉴，式序在位，至贵要矣。乃慨叹曰：'吾人济时行道，必先亲民。'遂力求外补，一意安民政。"

明崇祯时期的汪永瑞，在为吕氏祠堂撰写的《吕沙随先生祠记》文中，对吕坤的学术思想的历史地位给予了肯定。文中指出儒学自秦汉以来不明于天下，自宋诸儒才开始大明于天下，"自元及明，能起而修明之者，数人而已。然而程先生既奋兴于宋，吕先生复继起于明"。同时他在文中对吕坤学术思想的特点作了精练概括和高度评价，认为"吕先生之学，以自得为宗，不切切训诂，而于古六艺之旨博综贯通，驰骋上下，皆有以穷其旨趣而通其大意，至于天地鬼神阴阳之变，山川风土之宜，兵谋权术，浮图老子之所记载，靡不抉择而取衷焉，盖合内外之道也"。"自得为宗""博综贯通""抉择而取衷"都是对吕坤为学特点和精神的恰当认识和评价，这些特点和精神也体现了吕坤在学术上的独立品质。

清初大儒孙奇逢在《理学宗传》中盛赞了吕坤勤政为民的功绩，对吕坤的学问更是倾心赞誉，自述云："予弱冠，闻公名。后读《去伪斋集》《呻吟语》，益向而慕之。公之学曰：穷理尽性，以至于命。学至于是，又何憾其用与不用哉!"

清初杰出思想家黄宗羲在《明儒学案》中评价吕坤为学特点是心头有一分检点，便有一分得处，都是从忧患中历练而来，因而不敢任情散放。黄宗羲对吕坤的为人、经世及思想都给予了相当公允的评价。前面提过，他曾为吕坤被无端牵涉进"妖书案"一事辩护过。

清初儒者颜元也是一位实学思想家，他对吕坤极为称道，称之为近世大儒，有"大学术、大经济"，曾将吕坤所著《闺范》《宗约歌》《好人歌》《闺戒》《小儿语》等歌六种汇刻为《通俗劝世集》，并为之作序后刊行于世。

道光六年，清王朝将吕坤从祀于文庙，认为他能"发明圣学，卫道宗经，实于人心学术有裨，转为后世龟鉴"。官方对吕坤学术价值的肯定也体现了其学术思想在清代的影响不浅。

近代著名学者梁启超对吕坤的学术思想特点及地位也给予了相当公允的评价，详见《饮冰室文集》之《近代学风之地理的分布》，谨摘录如下：

> 河南，中州也，实全国文化最初发源地。至宋，康节、二程生焉，于是有"洛学"之目。元则许鲁斋，明初则薛敬轩，咸以乡人衍其绪。故中州称理学之府焉。姚江、白沙之学兴，学界重心移于东南矣。及晚明则有宁陵吕新吾坤复兴洛学。宁陵故沙随，即二程故里。故明道、伊川与新吾亦称"先后沙随先生"云。新吾之学，持养绵密，而专向平实处致功。善察物情，而勇于任事，妙于因应。于当时王学末流之好高谈大言者异撰。然亦受时代影响，持论不如二程之迂。新吾之洛学，盖新洛学也。

梁启超称吕坤之学为"新洛学"，既是对吕坤求真务实、实学实为的"新"精神的肯定，也是对他在学术思想史上的历史地位的中肯定位。

纵观吕坤一生，其为人、为学、为政皆力求个"真精神"。他为人胸襟博大而又特立独行，于至情至性之中而长于忧世，于刚介峭直之中而有大气节，于简淡平实之中尽显真性情。他为学、为政求真务实、学行兼及，学术上坚持自得，力图打破传统、熔铸百家，视仁爱为核心、万物为一体；在实践中仁民爱物而能以民为本，同情民生的疾苦、重视民众力量；明体达用、言行一致，将学术与事功并举，既

182

能秉承儒者对社会政治应有的批判责任，又能实施诸多实政措施而履行应肩负的社会责任。吕坤的思想在当时就产生了很大的影响，尤其是对君主专制的理性批判以及学术、事功并举的实学精神对明清之际的思想转型多有启迪。

吕坤是一位极具特立独行品格的人，在学术思想上也多有创见，他的实学思想及思想上的敏锐性对当时及后世都有很大影响，也奠定了他在思想史中的历史地位。如果今天的我们能以吕坤的学术态度和方式来看待他的思想，一定也会从其经世济民的实学思想中、从其求真务实的理性批判中获益良多。

附录

年　谱

1536 年（明嘉靖十五年）　十月初十生于河南开封府宁陵县。

1541 年（嘉靖二十年）　始入里塾就读。

1547 年（嘉靖二十六年）　八月，母李氏病目，旋失明。是
　　　岁，曾就试于县，"邑侯奇之"。

1550 年（嘉靖二十九年）　作《夜气抄》和《招良心诗》。

1551 年（嘉靖三十年）　就学于其甥王懿家，凡二年。娶本
　　　邑城南于氏为妻。

1553 年（嘉靖三十二年）　七月，柘城（今河南属县）师尚
　　　诏起义，波及宁陵县。

1551 年（嘉靖三十四年）　入宁陵县学。始读医籍。

1556 年（嘉靖三十五年）　有涟川之行，与永城李良知相交。

1557 年（嘉靖三十六年）　得识永城县（今永城市）胡锦屏，
　　　相与知交。就馆于永城李孺野家，教授其次子李皙。

1558 年（嘉靖三十七年）　秋，父得胜撰成《小儿语》上、

下二卷。后又以其未备，命吕坤续作上、中、下三卷，曰《续小儿语》，刊刻而流布之。

1561年（嘉靖四十年）　秋，中河南乡试第三名。

1562年（嘉靖四十一年）　春，赴京会试于礼部，未中。得识马定宇。马登进士第，后仕至江西巡抚。

1563年（嘉靖四十二年）　始撰《呻吟语》。

1566年（嘉靖四十五年）　参与创修《宁陵县志》，任执笔。始作《省心纪》。

1568年（隆庆二年）　正月，父得胜病殁。吕坤因而未赴当年礼部会试。

1571年（隆庆五年）　母李氏病愈笃，强促坤赴京应试。主考为大学士张居正及吏部左侍郎兼翰林学士吕调阳，分房考官为沈鲤等。吕坤试毕返抵原籍，母李氏已先期病故。故是岁虽中礼部试，因在籍守制，未与廷试。

1572年（隆庆六年）　六月，神宗即位，张居正任首辅。吕坤撰《隐君殷西池墓志铭》，称赞殷氏赡养其乳母及岳父母之"义而仁者"，遂撰此《志》而乐道之。

1573年（万历元年）　五月，小女生，坤妻于氏名之曰"两"。撰成《四礼翼》四卷，八月，为之作序。

1574年（万历二年）　春，入京应殿试，以三甲第五十名赐"同进士出身"，被任为山西潞安府襄垣县知县。八月，抵襄垣县就任。

1575 年（万历三年） 在襄垣县任职期间，撰《僚友约》。

1576 年（万历四年） 春，调任知大同县。秋，在省城太原充乡试同考官。

1577 年（万历五年） 在大同县。撰《襄垣县乡约所碑》，请改该县所建吕之生祠为乡约所。

1578 年（万历六年） 升任吏部文选司主事。父得胜诰赠同官，并建坊于宁陵城内。又以俸金及升任吏部郎官所得建坊金各百两，买常稔田五百亩，以"祀先人，恤同姓"，名之曰孝睦田。

1580 年（万历八年） 在吏部任职。正月，撰《省心纪序》，并刊刻《省心纪》而公售之。

1581 年（万历九年） 在吏部任考功司郎中。

1582 年（万历十年） 识杨东明，并以长子知畏与杨之女宜家缔婚。

1583 年（万历十一年） 夏，"清沐归里"。自此居宁陵原籍三年，其间尝究音韵之学。又"痛地粮诡隐，均丈数番而不清"，力主清丈全县地粮。

1585 年（万历十三年） 完成《荒茔图》《茔训》。

1586 年（万历十四年） 自原籍返京师吏部原任。于途中所过州县，曾访查官之贤否。与邹元标相识于吏部，曾相与往复论学。

1587年（万历十五年）　初在吏部继续任稽勋司郎中。四月，出任山东济南道右参政。是岁京察中，吏部稽勋司署员外郎主事顾宪成上疏论执政，得罪被谪。三月，吕坤为之撰《赠顾叔时出判桂阳序》以慰勉之。

1588年（万历十六年）　春，山东大饥。撰《毒草歌》《靳庄行》以哀饥民。

1589年（万历十七年）　后任山西按察使。十一月，前户部郎中姜士昌疏举吕坤"素著直谠，宜拔擢以励士节"。

1590年（万历十八年）　七月，科臣以吕坤"为材"，上疏荐举之。撰成《闺范》四卷，初次刊行于太原。先后撰成《风宪约》《刑狱》，是为吕坤于按察使任内据其观察而告诫州县吏之约束。

1591年（万历十九年）　初在太原任山西按察使，后升陕西右布政使，任半年。八月，任陕西乡试提调官。十二月初四，升任右佥都御史提督雁门等关，巡抚山西。

1592年（万历二十年）　六月，召太原所属州县掌印正官而谕之。八月，移驻代州，谒孔子庙，试讲，并训在学诸生。是月，为所撰《明职》一卷作《引》而刻之，行下所属诸地方官吏。同月十五日，以所撰《安民实务》行下三关（雁门关、宁武、偏头三关）将士，以

"振刷边务，以固疆防"。妻于氏病故于太原。吕坤以"病湿痰，具疏乞休"，未获允准。

1593年（万历二十一年）　三月，撰《呻吟语序》，盖为此书刊行而作。四月，升都察院左佥都御史。八月，自巡抚山西离任赴京，回都察院任左佥都御史。

1594年（万历二十二年）　九月，升任刑部右侍郎。十月，自刑部右侍郎转左侍郎。

1595年（万历二十三年）　二月初三，以在山西巡抚任内劳绩，得升俸及银币之赏。七月十五日，皇贵妃郑氏以吕坤所辑《闺范》为基础另成书并撰写序文，由其伯父郑承恩重刻行世。八月初十，因大理寺少卿江东之疏论坤"阴主邪正"，吕坤上疏乞罢。疏留中。九月二十一日，吕坤因疾乞休，撰《告病初疏》和《告病再疏》，不允。

1596年（万历二十四年）　五月，参与九卿科道"朝廷之议"。

1597年（万历二十五年）　四月初，上《忧危疏》。四月十六日，吕坤以病乞归，许之。

1598年（万历二十六年）　在原籍宁陵家居。三月十二日，上《辨明心迹疏》。春，湖广监察御史赵文炳校刻《吕公实政录》。秋，上《辨〈忧竑议〉疏》。七月二十二日，山西巡抚吴楷上疏荐举录用逐臣，以弘治理，内有吕坤，不报。

1599年（万历二十七年）　二月十八日，帝命内臣鲁坤带征河南税课。鲁坤过宁陵，坤忧其不法，先期走告临德知府王思泉设法应付，民得不为所忧。

1601年（万历二十九年）　正月，撰刻《展城或问》并分送亲友。河南参政徐即登讲学于睢、陈（今河南睢县、淮阳），命宁陵县教谕任朴率县学诸生从学于坤。

1602年（万历三十年）　阁臣曾议起用吕坤，但终作罢论。

1603年（万历三十一年）　五月至八月，撰成《交泰韵》凡例与总目，并于七月十五日为文自序其研治韵学之历程与造诣。吕坤尝于壁间题词云："癸卯天，杀人天！瘟疫死一半，麦秋尽水淹。挑河苦累死，天灾又那堪。雨泪向谁落，肉食人不觉！"

1604年（万历三十二年）　二月，阁臣议起用吕坤，不报。秋，黄河决丰县，由昭阳湖穿李家港口，出镇口，上灌南阳，而单县决口复溃，鱼台、济宁间平地成湖。吕坤备述中州穷苦之状，恳请免征河南夫银。

1607年（万历三十五年）　二月，撰刻《救命书》。春，撰《上巡按请申明条鞭旧法》《上巡按条陈利弊》。此两文是与本县举监生员及七乡里老联名呈状河南巡抚，请申明条鞭旧法，并条陈本县利弊事。

1608 年（万历三十六年） 十月，山西道御史王象恒上疏，举荐吕坤等十三人。

1609 年（万历三十七年） 吕坤曾被推任都察院左都御史。十一月二十三日和二十九日，曾有言官湖广等道御史房壮丽等和辅臣叶向高先后催请，但神宗置之不理。吕坤刻行所撰《〈阴符经〉注》。

1611 年（万历三十九年） 正月二十三日，吏部尚书孙丕扬请以原任刑部侍郎吕坤为都察院左都御史，不报。五月，都察院左副都御史许弘纲上言：左都御史缺且七年，乞将吕坤简用。七月，孙丕扬上疏再荐吕坤任都察院左副都御史。

1612 年（万历四十年） 正月十七日，吏部尚书孙丕扬因多次荐举吕坤等诸臣而不得，上奏乞请致仕。二月二十日，孙丕扬拜疏径自去官。五月，户部主事李朴以朝多朋党，清流废痼，疏请破奸党、录遗贤，并为顾宪成等辩谤而荐吕坤，帝不听。七月初六，总督仓场户部尚书孙玮上疏荐举吕坤等。十月二十八日，副都御史许弘纲上奏，荐举吕坤出任司寇（刑部尚书）。闰十一月二十八日，户部给事中官应震奏论备荒之政，请行吕坤所创"两利仓""乡会仓""自救仓"诸法。吕坤撰《四礼疑》五卷，撰《书〈太岳先生文集〉后》。

1613年（万历四十一年） 七月，朝廷分封福王河南、湖广等地养赡庄田四万顷。吕坤在籍上《福府庄田议》，力言其不可。八月，吏部荐举吕坤等，请予简用。是月二十二日，延推阁臣，内有吕坤。十月，首辅叶向高奏论朝端纷扰之故，再言起用吕坤之必要。

1614年（万历四十二年） 三月，刑科给事中郭尚宾上疏荐举吕坤。十月，吏科都给事中李瑾上疏，荐举吕坤等。十一月，户科给事中官应震上疏，荐举吕坤等人。

1615年（万历四十三年） 四月，户科给事中官应震上疏又一次荐举吕坤等人。

1616年（万历四十四年） 长子知畏汇刻《去伪斋文集》于吕氏家塾。同邑人王印为之撰序。《文集》末附载吕知畏于本年十二月十六日所撰《跋》。

1617年（万历四十五年） 四月，朱国桢为《去伪斋文集》撰序。

1618年（万历四十六年） 六月初八，卒于家。葬于宁陵县西北十二里之鞋城村。

参 考 书 目

1.〔明〕吕坤著，王国轩、王秀梅整理：《吕坤全集》（上、中、下三册），中华书局，2008 年。

2.〔清〕黄宗羲：《明儒学案》，中华书局，2008 年。

3.〔清〕张廷玉：《明史》，中华书局，1974 年。

4.《宁陵县志》，中州古籍出版社，1989 年。

5.马涛：《吕坤评传》，南京大学出版社，2000 年。

6.郑涵：《吕坤年谱》，中州古籍出版社，1985 年。

7.樊树志：《万历传》，人民出版社，1995 年。